漂泊と自立

― 障害者旅行の社会学 ―

根橋正一・井上寛

流通経済大学出版会

はじめに

　流通経済大学社会学部国際観光学科において「障害者旅行論」の講義をスタートさせたのは2002年度であった。1993年に始まった本学科は社会学を基礎とする観光研究，すなわち観光社会学の構築を目指す日本における唯一の学科であり，その一部として「障旅論」も構想された。2001年から始まった新たなカリキュラムは専門科目を三つの群，すなわち産業アプローチ・生活文化アプローチ・国際アプローチに分けられているが，生活文化アプローチには「障旅論」「観光医学」といった科目が組み込まれ，従来旅行弱者として旅行や観光から排除されていた障害者・高齢者・病気を持った人びとにとっての旅行を研究することになった。

　このカリキュラムのスタートに先立って，障害者旅行を研究課題とする「演習」や「観光研修」において学生とともに初歩的な調査や研究をおこなった。1998年の専門演習では宿泊施設や交通機関への見学，聞き取り調査をおこなった。2001年度の観光研修ではアメリカのサンフランシスコやバークレーにおいてホテルや旅行社，交通機関，ベースボール・スタジアム，テーマパーク，そして大学における障害者対応について調査し，日本との比較を試みた。翌年「障害者旅行論」の講義が始まったが，初年度の受講生は3名にすぎなかった。この領域への関心がまだ学内においてさえも醸成されていなかったのである。しかしこの3人の受講生は積極的な態度で学び，冬休みのある雪の降る日チュアーウォーカーの友人とともに，都内上野から浅草周辺をバスや地下鉄を利用して食事したり，散策したりして実際の体験をおこなった。その経験を踏まえてユニークな報告書を残した。それ以後毎年受講生も増加し，学内における障害者旅行論への関心は定着しつつある。

　ところで，なぜ私がこの課題に取り組むようになったのか，どのような視点

から考えているかについて述べておこう。

　私がはじめて障害を持つ人たちと一緒に旅行したのは1989年中国上海へであった。地域の卓球を楽しむ視覚障害や肢体不自由の人たちのグループととともに中国上海を訪れ，同じような障害をもつ上海の人びとと卓球をしたり，交流したりする旅であった。その後も北京やアメリカ西海岸などへ障害者や高齢者とともに旅行する体験を持つことができた。

　こうした旅のなかで，私の関心は「なぜ障害者や高齢者は旅行や観光から排除されるのか」という問題であった。この問に対して旅行業に携わる人びとや研究者達の多くが「リスクとコスト」の問題があるからと答える。障害者たちは旅行先で事故に遭う可能性が高いし，事故が発生したとき対応が困難である，また彼らの旅行には特別な工夫や人手が必要になり割高になるというわけである。本当に障害者のほうが事件や事故に巻き込まれやすいのだろうか。また，コスト高が問題ならそれを業界が負担するのではなく，旅行者本人の負担としてよいのではないか。こうした問題ばかりでなくではなく，障害者の旅行に対する漠然とした不安感を持つ人が多いように思われた。また，同行した障害者が旅行先で感じる旅行者や業者の「目」に，日本人とアメリカ人との差異があると感じていることもしばしばであった。日本の文化のなかに，障害者を邪魔者扱いし，排除する論理があるのではないかという仮説を持ち研究をおこなった。

　また，学術振興会科学研究費補助研究「障害者にとっての旅行に関する社会学的研究」では，障害者にとって旅行や観光はどのような意味を持つかをテーマとして，養護学校・宿泊施設や地方自治体などにおいて調査をおこなった。

　そして，旅行からの排除の背後には障害者を社会的な弱者・旅行弱者という見方が存在しているが，この見方はどのような事情により成立したのかを問題とする研究へ向かうことになった。前近代社会において障害者は困難な生活を余儀なくされていたそのなかで，意外にもある種の障害者たちはさかんに旅をしていた。しかし明治以降日本社会が近代産業社会への歩みを速め，産業労働第一主義の社会が成立するなかで，かえって旅ができなくなったのではないか。

このような仮説の下に日本社会における漂白の視点から論じられたのが本書第Ⅰ部である。

　第Ⅱ部では，1980年代以降活発化する障害者の旅行やスポーツ活動などに焦点を当て，その背景について考察をおこなった「自立」の視点からの論考である。第Ⅲ部は，障害者旅行を社会学的な視点から研究するための方法としての社会調査に注目し，いくつかの調査事例をとおして研究方法について考察する。第Ⅰ部は根橋，第Ⅱ部は井上，第Ⅲ部は9・10章を根橋，11・12章を井上が担当した。

　今，上海の国際飯店の一室で書いているが，初めて体験した日中の障害者交流の際に，語らいと夕食の会がここでおこなわれたことを思い出し，その一人ひとりに懐かしさばかりでなく，こうした研究に導いてくれたことへの感謝の念を感じている。その他私を旅行に連れ出してくれた障害をもつ友人たちに感謝したい。とくに，数回にわたり秩父を一緒に訪ねた故堺本聡男さんには多くのことを教わった。このような領域に関心を持つきっかけを用意してくれたのは妻敬子であった。本書を画家池本洋一郎さんの絵で飾ってもらえることも喜びである。本書の出版は流通経済大学出版会の加治紀男氏の力がなければ実現しなかった。ご指導いただいたみなさんに感謝申し上げたい。

2005年3月27日
人民公園の見える上海国際飯店にて　　　　　　　根橋　正一

もくじ

はじめに —————————————————————————— i

第Ⅰ部　漂泊者から弱者へ ————————————————— 1

第1章　前産業期日本の漂泊と定住 ——————————— 3

1節　定住と移動／漂泊
  (1) 農業定住社会という常識
  (2) 定住と漂泊の日本社会
2節　定住と漂泊の日本論
  (1) 移動・漂泊社会へ注目する意味
  (2) 移動と漂泊の社会変動論
3節　江戸時代の旅
  (1) 参勤交代－政治的旅行
  (2) 物見遊山・参詣の旅
  (3) たつきの旅

第2章　前産業社会における障害者の生活 ——————— 15

1節　漂泊者としての障害者
  (1) 検校・座頭
  (2) 瞽女
  (3) 見世物
  (4) 巫女－神との仲介者

2節　職業選択と修行
　(1)　瞽女の修行体験
　(2)　見世物小屋の人生－中村久子－
　(3)　巫女としての修行
3節　農村に生きる障害者

第3章　産業社会と漂泊者としての障害者の消滅 ——————— 39

1節　明治から高度経済成長期まで
　(1)　産業化の歩み
　(2)　丁種合格という排除
2節　高度経済成長期以降の日本社会の変容
　(1)　農村定住社会の変容
　(2)　都市の変容
3節　エンターティナーとしての障害者の消滅
4節　産業労働と障害者の排除
　(1)　フォード・システム
　(2)　1950－70年代の障害者の就業実態
　(3)　収容型福祉－障害者排除と隔離型福祉
5節　地域社会から排除される障害者
　(1)　ニュータウンにおける障害者施設排除運動

第4章　産業社会の労働と余暇 ——————— 65

1節　近代の労働観の成立とその内容
　(1)　監禁と労働身体の形成
　(2)　禁欲的労働
　(3)　労働の喜び論
2節　日本における職業観
　(1)　奉仕

(2)　日本的経営と労働観
　3節　国家の教育目的としての兵士・産業労働者形成
　(1)　教育勅語と兵士教育
　(2)　産業労働者養成を求める中教審答申
　4節　産業労働を補完する余暇
　(1)　ヴェブレンのレジャークラス論
　(2)　ピーパーの余暇論
　(3)　産業労働を補完するレジャーと障害者
総括と今後の課題

第Ⅱ部　障害者旅行の展開と研究 ──── 83

第5章　障害者旅行の着目　1980年代 ──── 85

　1節　障害者旅行へのとりくみ
　(1)　フレンドシップトレイン「ひまわり号」の運行
　(2)　翼をもった青年たち
　(3)　那珂川苑
　2節　障害者旅行の情報
　(1)　旅行のソフト化をすすめる会
　(2)　もっと優しい旅への勉強会

第6章　障害者旅行への対応 ──── 95

　1節　旅行業界の対応
　(1)　宿泊施設のとりくみ
　(2)　旅行会社のとりくみ
　2節　社会の対応
　(1)　法律の整備

(2)　障害者白書と観光白書
　(3)　地方自治体のとりくみ

第7章　世界の動向 ―――――――――――――――― 113

1節　国際連合
　(1)　国際障害者年
　(2)　アジア太平洋障害者の十年
　(3)　障害の分類
　(4)　国際障害分類案の改訂
2節　バリアフリーとユニバーサルデザイン
　(1)　バリアフリー
　(2)　ユニバーサルデザイン
　(3)　国際シンボルマークの普及
3節　パラリンピックへの注目
　(1)　パラリンピック長野大会
　(2)　障害別のクラス分け
　(3)　パラリンピックの反響

第8章　障害者旅行注目の要因 ―――――――――――― 125

1節　自立
　(1)　アメリカにおける障害者運動の展開
　(2)　日本の障害者運動と自立
2節　人権思想の広がりと障害者
　(1)　ノーマライゼーション思想の普及
　(2)　アメリカ公民権運動からADA制定へ
3節　障害者旅行研究の意義
　(1)　障害者旅行を研究する意義
　(2)　障害旅行を研究する視点と方法

第Ⅲ部　障害者旅行に関する実証的研究 ──── 141

第9章　自立を考える視点 ──── 143

1節　自立とアイデンティティ
2節　自立と社会化
3節　障害者の自立と日本型近代家族
4節　問題設定

第10章　シルバースター登録旅館への量的調査 ──── 157

1節　量的調査
  (1) 調査対象および方法
  (2) サンプリング
  (3) 調査方法
  (4) 調査とプライバシー
2節　シルバースター登録旅館調査概要
3節　仮説と質問
  (1) 障害者・高齢者の旅行形態
  (2) 旅館が提供するサービス
4節　結果と考察
  (1) 障害者受け入れ状況
  (2) 旅館の柔軟な対応姿勢

第11章　見学・聞きとり調査 ──── 173

1節　見学・聞きとり調査の方法
2節　宿泊施設の調査
  (1) ホテルミラコスタ

(2)　ザ・クレストホテル柏

3節　成田空港調査

第12章　参与観察調査　施設の旅行に参加する ────── 191

1節　参与観察調査の進め方
　(1)　事前調査
　(2)　調査の許可を得る
　(3)　問題設定と仮説

2節　データの収集
　(1)　施設での作業
　(2)　旅行当日の記録

まとめ

あとがき ────────────────────── 209

文献リスト ───────────────────── 199

第Ⅰ部　漂泊者から弱者へ

　第Ⅰ部において提案し，研究する課題は「障害者は弱者か，もし弱者であるとすればどのような事情によって弱者となっていったか」を考えることである。障害者旅行論を学ぶ学生の多くが「障害を持った人や高齢者のような旅行弱者が健常者と同じように旅行や観光を楽しめるように支援，手助けしたい」と学ぶ動機を述べる。障害者は旅行の場面において支援されるべき弱者であるというわけである。

　では，高齢者や障害者は本当に弱者なのだろうか。弱者とはどういうことかと問えば，健常者と同じ速度で移動できないということ，健常者用の階段使用に困難があること，晴眼者と同じ印刷物や画面を読めないということ，というような答えが返ってくるだろう。しかし，現代では科学技術や日常的な工夫によってそれらの技術的な問題の解決は日々進んでいる。今後も，さまざまな分野でバリアフリーあるいはユニバーサルデザインの思想のもとに進んでいくことが期待できる。

　そこで，第Ⅰ部では技術的な側面とは別に障害を持った人びとがどのように生きてきたのか，そして歴史的な社会的な変化のなかでどのように弱者として扱われたのか，もしくは扱われるようになってきたのか，といった問題に注目し，日本社会を事例として研究する。まず，かつての社会における障害者たちの生活や人生についてみてゆく。

　その方法としての歴史区分について若干説明しなければならならない。われわれは現代社会を産業社会としてとらえ，歴史を大きく前産業社会と産業化を経験した社会とに2分して記述することにする。なぜなら，近代の産業化の進展ともに障害者の社会的地位に大きな変化が出現したと考えられるからである。では，日本の産業化とはいつから始まるのだろうか。明治期から先行する西欧

諸国を手本にして産業化へ邁進した，あるいは第二次世界大戦における敗戦後再出発した日本は高度経済成長期を経て本格的な産業社会へ変貌していったという二つの視点が考えられる。ここでは両者の視点を意識しつつ，それぞれの段階における社会の特徴を背景としながら，障害者の社会的状況，生き方や人生について検討する。そして，その考察のなかから障害者が社会参画するために障害者の自立し，いきいきした人生のために旅行や観光がどのような意義を持ち，どのような提案の可能性があるかを考えることにしたい。

　第Ⅰ部における章の構成について説明しておこう。第１章 前産業期における日本社会の構造，では定住農民だけではなく，それ以外の多様な職業の移動，漂泊を人生とする生き方があったことを示す。そうした漂泊民としての人生にこそ，障害者が自立的に生きる可能性があったからである。第２章 前産業社会における障害者の生活についていくつかの事例から示す。第３章 産業社会の形成と発展では明治以降の日本社会の産業化への過程を概観して，そのなかの障害者について考察する視点を提示する。第４章　産業社会における障害者の弱者化においては産業労働から排除される障害者の状況を整理，考察する。障害者の自立・解放と旅行・観光への注目へと向かう，1980年代以降の日本社会考察への可能性についても述べる。最後に，今後の障害者旅行研究の方向性に言及する。

第1章　前産業期日本の漂泊と定住

　まず，伝統的な日本社会がどのような形をしていたかに注目し，その中で旅行（旅）がどのようにおこなわれ，どのような意味を持っていたかを考えておこう。このことが次に考察の課題となる障害者の生き方や旅の研究に資するからである。定住と移動の視点から日本の社会を考察し，漂泊者としての障害者の生活の考察の準備段階とする。

　本章ではまず，日本人にとって常識となっている日本＝農業定住社会という見方について考え，日本が農業定住社会と農業以外で移動を主とする人びとによる漂泊社会との二つの部分から構成されていたという考え方に注目する。つぎに2節では，この定住と漂泊という視点から，かつての日本社会の変動を考察するという論点を紹介する。3節では，江戸時代の旅について概観し，当時の社会において旅＝漂泊がもっていた意味について考察する。これらは，日本社会に生きる障害者の生き方に関して考えていくのに有用な視点を与えてくれる。すなわち，障害者たちは定住者としてではなく，漂泊者の一部として人生をおくっていたのである。日本社会を定住・漂泊の二重構造から見ていくことの重要さはここにある。

1節　定住と移動／漂泊

(1) 農業定住社会という常識

　日本社会は「瑞穂の国」と呼ばれ，米を作る農業を本とする国であり，農民こそ正しい日本人であり，農村にこそ日本文化があり，日本の社会の基礎はみな米作や農業にあるという見方が常識となってきた。しかし日本の歴史をみれ

ば，農民だけが日本文化を担ってきたのではなく，商人や職人，漁民，山の人びとや船で海を生活の場とする人びとなど多様な職業の人たちによって構成されてきたのが日本社会であった。この視点について考えるには日本史家網野善彦の仕事が役に立つ。かれは，まず日本＝農業社会という常識の内容とそれがどのように形成されたのかについて論じ，次にその常識がどんなに間違っているか，さらにこの常識がどのように書き改められるべきかについて論じている。網野の諸論文にそって整理する。

「日本は農業社会」といった常識があり，日本社会は古来より農地に定住する定住型社会であると考えられてきた。しかし，定住を人生の生き方とする人びとばかりでなく，考えられていた以上に移動を人生としてきた多くの人びとが存在していたことが次第に認識されるようになってきた［網野，2000：238］。網野は，この常識が日本中に流布した原因を説明している。それは，中学・高校の日本史に関わる教科書の記述が基本的には「日本＝農業社会」という常識を根底においているからであるとして，次のように述べている。

まず，弥生文化とともに稲作が本格的に列島に流入すると，社会は水田中心の農耕社会となり，それを前提として班田収授の制度によって水田を与えられた「班田農民」を基礎とする律令国家が成立する。そして水田の開発が進行し，形成されてくる荘園は有力農民の経営する名主によって構成され，名主は年貢米を負担したとされる。やがて自治的な農村が発展するが，江戸時代にはいると，「士農工商」の身分制度が形成され，全人口の約80％を占める農民は，耕地を持ち年貢を納める本百姓と，耕地を持たない貧しい水呑百姓に分かれ，年貢は年収の40—50％を米で納めると記述されている［同上書：238-239］。

室町時代に商工業・交通や都市についての若干の記述はあるが，江戸時代の農民は「自給自足の生活」であったとされ，ようやくこの時代の後期になって，農民の商品作物の栽培や漁業・鉱業・織物業などの記述が現れる。そして農村への商品貨幣経済の浸透に伴って年貢の重圧の下に困窮に陥った農民は百姓一揆を起こし，反面，地主や商工業者の発展の中でしだいに幕府の支配は動揺しはじめ，開国，倒幕を通じて，封建的な社会の「一新」をめざして明治政府が

成立し，これ以後，日本は急速に工業国となり，産業革命を達成するとされるのである。しかし，農村は地主の支配下にあって貧しく，敗戦後の農地改革によってようやく農民は自らの土地を持ち，農業生産が高まったといわれている［同上書：239］。これが教科書が教える常識である。

　このような常識は学校の教科書ばかりでなく，従来の研究者も前近代の社会を基本的に農業社会と考えていたし，百姓は農民あるいはその大部分は農民と見て社会の構成を考えてきたという［同上書：241］。そして，明治5年から6年にかけて編成された壬申戸籍において，官員・兵隊・華族・士族・祠官・僧侶・農・工商・雑業に至るものは「職業身分」としての「士農工商」にもとづく職分の基準である。明治政府は，「四民」＝「士農工商」の身分制度を撤廃し一新すると称し，それまでの町人・百姓という身分用語を否定して，これを平民とする一方で，百姓・水呑などをすべて「農」として，町人を「工」「商」に区分して，虚像としての「士農工商」の職分を「創出」したと網野は指摘する。こうして，「士農工商」が江戸時代の社会を構成する身分制度であるという見方と，百姓は農民，町人は商工業者という「常識」とを，ここでしっかりと植え付けられることになった。これは，おそらく明治政府の指導者，為政者たち自身の「常識」だったのであろう。そしてこの見方，「常識」はその後の長年にわたる教育を通じて，現在も一般の社会に深く根を下ろしている［同上書：250］。

(2) 定住と漂泊の日本社会

　先に述べた日本＝定住農業社会，農民社会という常識では日本社会理解には不充分であり，それ以外に大量の漂泊民たちがいたことを知らねばならない。網野の主張する伝統的日本社会の構成の常識の裏にある真実は，定住農業社会の一方における非農業，移動，漂泊を人生とする多くの人びとが存在していたという事実であった。私たちは，日本社会を考えるのに際して，非定住の人びとの社会に十分な注目を払うことが必要であろう。網野はこの常識を覆すいくつかの事例を提出している［同上書：239-294］。

百姓＝農民というこの常識に反して，本来「百姓」という語は，一般の人民全てを意味しており，農民だけをさすのではなく，多種多様な職業をもつ人びとが含まれていた。海辺や川辺の村には，漁労，海産物や山のものの交易，商業，運輸などに従事する人たちがいたし，山間の山梨県には富士参詣に関わる御師の集住する都市的性格を持つ村があった。農は農でも米ではなく麦，粟，稗など畑地のみの村もあり，煙草や柿を作り，男は山に入って馬の鞍をつくる木や「ほた木」を伐って売り，女は麻布や紬を織るとともに養蚕を行う村もあった。これらは農業の村というよりは都市的な性格の強い集落であった。「農」として記帳された百姓には，富裕な商人や廻船民，酒屋なども含まれていて，かれらは農民とは言い難い。またかれらが「水呑」に分類されていることもあった。

多種多様な職業の人びとが含まれていたが，そのなかには多くの移動，漂泊をなりわいとする人びとがいたのである。

2節　定住と漂泊の日本論

(1)　移動・漂泊社会へ注目する意味

これら定住社会とともに，それとは異質な生活を送る漂泊者たちが存在したことはいったいどのような意味があるのだろうか。網野によれば，旅人たち，すなわち遍歴・漂泊する人びとに対する見方は，これまで大きく分けて二つあったという。

その一つは，基本的に定住民の視点に立ったとらえ方であり，この立場から見れば定住生活こそ日常で，遍歴・漂泊は多少とも異常なあり方に他ならない。ある場合定住民の共同体からの脱落・流離であるが，時によっては定住からの積極的な脱出・離脱によっても起こりうる［網野，1993：157］。

他方，遍歴・漂泊する人びと自身からみればそれ自体が日常であり，たとえ根拠地を持っていたとしても，そこへの回帰は「ハレ」の時期にとどまり，定

住はむしろ非日常的な事態であった。遍歴といっても，まったく根拠地なしにさすらう人びとから根拠地での生活にかなりの重点を置く商工民まで，その形態はさまざまであるが，この視点に立てば第1の見方とは逆に定住が遍歴の中止である。そして，日本の社会の場合，15世紀以降漂泊民は社会的劣位に立たざるを得なかった［同上書：158-9］。

　この二つの視点の共存は，定住社会と漂泊社会の並存にともなっているものであり，日本社会の考察のためには重要である。とくに障害者たちがどこで，どのように生きたかを知るためには，定住社会の観察だけでは不充分であり，多くの障害者たちがその一員として生きていた漂泊社会への注目が必要になる。先に述べたように，網野の分類においても障害者たちは売り子や芸能者，宗教関係者として生きていたのである。

(2) 移動と漂泊の社会変動論

　定住と漂泊の関係に着目して社会変動論として論じた社会学者による研究業績がある。鶴見和子の論文「漂泊と定住と－柳田国男の社会変動論」がそれである［鶴見，1977］。鶴見は，柳田国男研究を基礎としてこの議論を展開した。彼女の議論を紹介する。

漂泊者

　まず，彼女が論ずる柳田の作品から読みとることができる「漂泊者」とはいかなる者たちであったかについての整理に注目する。

　柳田は，漂泊者のカテゴリーの中に，種種雑多なものをいれている。それは支配者に属さないもので，農民でないすべての職業人をさす［鶴見，1977：202］という。具体的に柳田が漂泊者のなかに入れた七つの職業および人格をみよう。

　その第1は，信仰の伝播者である。柳田は，漂泊の原型を信仰の伝播においていた。男では毛坊主，女では巫女である。一方では大きい神社に定住して神に仕える女と，他方では口寄せ，イタコ，シラカミのように漂泊して信仰を伝

播したアルキミコとが含まれる。これら漂泊の司祭であった巫女や毛坊主は，常民への信仰の伝播者であったとともに，祭りの場を造営する技術者集団でもあった［同上書：206-7］。

　第2は技術者集団である。柳田によれば，村に定住して常時しごとがあるのは大工・左官ぐらいのものであった。あとはほとんどすべて村から村へ渡り歩く職人，工人であった。例えば，筆つくり，籠つくり，鋳物師（いもじ），ふいご師，鍛冶屋（たんやや），箕作り，木地屋，漆掻き，蝙蝠傘の直しや，茶碗の焼き継ぎやなどに至るまで多様である［同上書：207］。

　第3は芸能者集団である。例えば，座頭，瞽女，白拍子，遊女，万歳，猿回し，獅子舞，傀儡師（くぐつし），などである。これら芸能者もまた信仰と関係がある。

　以上は，生涯を漂泊のうちに送る，あるいは過去において永年漂泊していた職業人たちである。信仰普及を主な職業としていない技術者や芸能者もまた，何かのかたちで神を祭ることに関連あることを柳田は指摘している。

　第4は柳田が山人と呼ぶ人びとである。その中には，山男，山姥，山女，山姫，イタカ，サンカなどが含まれる。これらの山人たちは，例えば『遠野物語』の中に出没して，村人たちからは山のカミガミとして恐れられる。しかし，時には握り飯1個とひきかえに木を伐ったり，薪を運んだりの労力を提供する交易の相手となることもある［同上書：207-8］。

　第5は旅人である。俳人芭蕉のように生涯を漂泊のうちに送った希有の才能ある人びとがいた。また，漂泊と定住を繰り返し行うのが，普通の人間のパターンであるともいえよう。定住者である常民もまた，一時漂泊者として旅に出ること，そして，一時漂泊としての旅は祭りと関連していることも柳田は指摘している。そして，定住者にとって一時漂泊こそが自己教育の場となる。

　第6は職業としての一時漂泊，および職業を求めての一時漂泊である。この中には行商，出稼ぎ，国内移動および国外への移民が含まれる［同上書，1977：208-9］。

　第7は，カミガミの定住と漂泊である。まず，地域共同体の中に定住するカミと異郷から漂泊してくるカミガミとの出会いの場としてマツリを考えること

ができる [同上書：209]。

定住と漂泊の社会変動論

　このように移動，漂泊する多種多様な人びとがかつての日本社会を構成していたのであり，彼らに着目した柳田は定住と漂泊との関係から新しい社会変動への接近のカテゴリーを抽出しようとした。定住者の漂泊者に対する関係は三つに大きく分けることができる [同上書：203-205]。

　第1は，定住者の漂泊者に対する差別と蔑視である。

　第2は，定住者にとって漂泊者は，交易の対象である。

　第3は，定住者の漂泊者への渇仰である。

　すなわち，定住者と漂泊者とのあいだには，一方では極端な蔑視があり，他方では最高の敬愛がある。定住者の漂泊者に対する態度は，「ホギビト」に対するように，蔑視と祝福をもたらす者への敬愛との，愛憎せめぎあった感情であり，またそこを貫いて流れるものは，質的に異なるもののあいだの対価交換・交易の思想であった [同上書：205-6]。

　このような関係を背景として，かつての日本社会およびその社会変動を認識する方法として鶴見は3点を整理している。

　第1，漂泊を生涯漂泊と一時漂泊に分けたが，一時漂泊は旅すなわちもとの定住地へ回帰する漂泊と移住すなわち他の場所への漂着する漂泊との二つの経路が含まれている。そこで漂泊と定住との関係は，生涯漂泊と一時漂泊と定住との相互関連と，相互浸透の過程として展望することができる [同上書：211-2]。

　第2，柳田にとって，定住こそ認識の起点であり，生涯漂泊と一時漂泊とを包み込むものとして定住を解釈しようとする提案である。漂泊者が社会の構造的変化に寄与するのは，特定の場所に根をおろしている者たちへの衝撃を通してだからである [同上書：212]。

　第3に，柳田は「定住」と「漂泊」とを，抽象概念として設定したのではなく，実態にもとづいた理解であった。

定住社会＝農村社会は，閉鎖的で伝統に規定され変化の少ない社会になりがちであるが，漂泊者や一時漂泊者は，みずからの漂泊体験によって外部からの刺激すなわち物品や芸能，情報などと接して刺激を受け，活力を得て個々の農民も農村社会自体も変動する可能性を獲得したわけである。定住者と漂泊者，定住社会と漂泊社会の接触，交流こそが社会変動をもたらすメカニズムであった。漂泊者と定住者とのあいだには，敬愛と蔑視という相反する感情や関係がありながら，漂泊者たちは漂泊しながら定住者たちと交流し影響を及ぼしたのであり，他方定住者からは生活の糧をえたのである。

定住と漂泊の両者が相互関係をもちながら，日本社会を構成していたことを理解することが障害者の生き方を考えるうえで重要である。

3節　江戸時代の旅

かつての日本社会は，定住，定住農村社会というだけでなく，多くの一時的あるいは生涯の漂泊者たちによって構成される漂泊社会という側面もあったことは前節まででで述べてきた。人びとが活発に移動していたかつての社会について，移動や旅行に関する視点からその意味を考えておこう。ここでは大名すなわち政治的な権力をもった人びとの移動である参勤交代，町人や，農民の物見遊山，たつきとしての旅の3側面に注目する。

(1)　参勤交代－政治的旅行

江戸時代の旅といえばまず参勤交代という政治的な旅があり，これにより全国津々浦々から江戸に向かって，また江戸から各地に向かって大名たちが旅をした。当時全国に張り巡らせた道路や宿泊施設，サービス施設はこの国近代の旅行関連インフラの整備に大きく貢献をしたと考えられる。くわえて，参勤交代という大名行列こそ江戸幕府の支配を基礎づけるシステムであった。将軍家光は寛永11（1634）年，武家諸法度によって参勤交代の制度を完成して，す

べての大名を領地と江戸に交互に居住させ，封土に帰国するにあたっては妻妾や家族を人質として江戸に残留させた［Norman：35］。

　徳川政権がなぜ参勤交代やその他の行列を重視したのであろうか。渡辺浩は支配論的文脈から参勤交代を論じていて興味深い。参勤交代によって，全国の260にのぼる各藩から，毎年藩主は自藩と江戸との間を家臣団を随えて行列を作って移動したのである。

　百姓町人が武士に服従したのは，武士たちがみな「徳」を有しており，そして有徳者になびき従うのは当然であると信じたからではない。中国におけるような教養カリスマを保証する科挙制度もない当時，2本差しの侍の軍事組織をそのまま有徳なる文明の担い手の集合とはみなしにくい［渡辺，1997：18］。しかし体制全体の論理的弁証がいかに曖昧，薄弱であろうとも現に身分格式の序列は，あらゆる場面でまことに目に明かな「事実」として演出された。大名は大名らしく，武士は武士らしく，そして百姓は百姓らしくあったし，あらねばならなかった。そのため，武装した武士による支配では，本来暴力の支配であるがために，威光と格式を統治の根拠としたのであり，威光と格式がいたるところで作用した［同上書：20］。この支配の原理である威光と格式を示すため，行列は数の上では圧倒的な民の前で少数の支配者が日毎夜毎演ずる念の入った示威行進であった。毎年全国から多数の行列が江戸へ江戸へと進んでいく参勤交代は，政治的意図を持っていた。すなわち，領民に対して大名の威光，武威を示す大事な機会であった。また，どこが政治の中心であり，誰が最高権力者であるかを疑問，反論の余地なく表現するものであった。全国に広がる街道網を勿体ぶって進んでいく260をこえる行列は，徳川による統合の動く象徴であり，同時に最も効果的な広報手段，宣伝媒体であった［同上書：23-6］。

　移動を支配の重要な道具立てとした結果，権威，威信を示しながら大人数の集団が大規模旅行集団となって，街道を往来し食事をとり，宿をとることから，日本全国の道路網も宿泊施設も，食糧提供システムも整った旅行システムが形成されていたのである。また関所が設けられ，旅人は手形の発行を受けていた。こうして拡大する人びとの旅行を管理するシステムが完備していた。

参勤交代は2重の意味で支配の道具であった。すなわち，ひとつは徳川幕府の大名，武士たちに対する支配の手段であり，第2にその行列をとおして，武士階級が支配者であることを百姓，町民に知らしめる機能をもっていた。定住，漂泊を含む日本社会に君臨する武士たちは，常に移動することによって，支配の正当性を明らかにしていたのであり，移動が支配の手段のひとつになっていた。米を単位として農村を支配した江戸幕府は，また「移動」という手段で支配を主張したのである。ここに移動や旅行に関する社会学研究の意義を見出すこともできる。

(2)　物見遊山・参詣の旅

　江戸時代には民衆を一定の土地に定住させ，各地域を孤立させる必要があったので一般民衆の旅行は大幅に制限された。例えば，故郷の親や縁者が病気にかかったとか死んだとかいった場合以外，行商などを除いて一般人が観光や遊山などの目的で旅行することは困難であった。勉学，修行，災厄，治療などでも困難で通行手形が発行されにくかった。しかし伊勢参りだけは例外で，伊勢神宮に参拝するという大義名分は，通行手形を獲得する最も容易な口実になった。幕府は神仏の信仰を大切にし，人びとの信仰心を支配に利用していたからである。したがって伊勢に行かない者でも伊勢参詣を口実に旅することができた。あるいは形だけは伊勢に立ち寄り，あとは西国33カ所をまわったり，京・大坂見物に行く者もあった。こうして宗教的名目のなかにも，たぶんに娯楽的要素が混じるようになった［樋口，1980：93-94］。

　山岳信仰が中国の神仙思想の影響を受けた修験道と結合し，さらに仏教思想の色づけがなされ，独特の宗教が誕生し，教団が形成された。足利時代，各山が競って教団を大きくしようとした。各教団とも，特定の檀家を確保する必要に迫られ，この必要から生まれたのが御師という宣教師である。御師は全国の町や村をまわって教団の特色や利益を説き，信者を勧誘した。そして農村に信仰集団「講」を作り，各地に宣教所を設け，地方から本社への定期参拝を勧めた［同上書：85-86］。

一方民衆を伊勢に勧誘する御師の方も心得たもので，民衆の希望を満たすような参詣の旅を準備した。伊勢参詣の他にも観音霊場めぐりなどの仏教信仰は多くの人びとを旅にかり立てた。西国33カ所，坂東33カ所，秩父34カ所，四国88カ所などがある。

　このような信仰の旅が現代の旅行の原点となったといわれるが，障害者たちはこれら参詣の旅や物見遊山に対していかにアプローチしえたのであろうか。金銭的に余裕のある盲目僧の中には，晴眼者同様に遠隔地への社寺参詣を行う人も現れた。博多の視覚障害者僧妙福は，文化14（1817）年に伊勢参りへ出立したが，大阪では天王寺などの参詣に加え夜店や浄瑠璃芝居，道頓堀芝居，お城の見物などへ出かけている。その後は高野山，吉野を経て奈良の諸社寺参りと春日山，三笠山見物をおこない，三輪大明神，長谷寺参詣後伊勢へ向かった。参宮後に京都では，音羽の滝，祇園，新地，二条城，また四条芝居や物まねその他を見物し楽しんでいる［深井，1997：54］。

(3) たつきの旅

　江戸時代，出稼ぎや行商の旅人も多かった。出稼ぎでは，越後や信濃の北信地域からの冬季の出稼ぎがよく知られていた。積雪のため冬の稼ぎを求めて米搗き，三助などの労働に従事した。とりわけ江戸への出稼ぎが盛んで，肉体労働を主としていた。

　町や村には多くの行商人がまわってきた。特に有名なのは富山の売薬で，得意先に売薬を預け翌年使用した分の薬代を受け取った。また，さまざまな職人も各地をまわっていた。木地師も移動した。彼らは椀などの木材加工製品の作成をおこなうため材料の豊富な山間に居住し，適当な材料を求めて産地を移動したのである［同上書：40-48］。先にのべた，網野や柳田が列挙したように多様な職の人びとが，国中を移動し生活していた。

　障害者，とくに視覚障害者は座頭，瞽女と呼ばれ，生活のために旅をした。

　本章では前産業段階の日本社会と移動とについて論じてきた。定住，定住す

る農民と，移動，漂泊する人びとによって構成されていた社会であり，流動性のある社会であった。定住者たちも物見遊山や湯治，参詣といった一時漂泊者となって旅をしていた。旅や移動は閉鎖的で保守的であるとみられてきた江戸時代においても，社会を安定化させるとともに，活性化させ，変動をもたらす原理として重要な要素となっていた。障害者たちの人生の多くは漂泊，移動の側にあった。明治以来生まれ定着してきた，日本＝農業定住社会という常識にもかかわらず，明治・大正・昭和に至るまで，多くの漂泊を生活とする人びとがいた。例えば，宮本常一の『忘れられた日本人』には漂泊民と呼ぶべき人びとが生き生きと描かれている［宮本，1984］。しかし，戦後高度経済成長期を経て，日本社会が産業社会として完成してゆく過程で新たな産業都市への居住が日本人の運命になり，他方農業定住者激減が進行するなかで漂泊する人びともまた激減していった。障害者にとっての漂泊民としての人生もまた消滅へと向かったのである。

第2章　前産業社会における障害者の生活

　日本の前産業社会にあって，障害を持った人びとはいかなる位置を占め，いかなる役割を果たしていたのだろうか。このことを明らかにするために，前章では江戸時代までに行われていた旅や娯楽について整理してきたが，本章では障害者とくに視覚障害者に注目して，彼らの旅について述べる。くわえて，日本の歴史や文化における障害者の役割や位置づけについて考察する。障害者の人生は，定住農民とは対照的に漂泊民としてのそれであった。すなわち，移動，漂泊しながら琵琶や三味線などの音楽演奏，鍼灸・按摩などを提供する，いわばエンターティナーあるいはサービス提供に従事する人びとであった。また神や先祖と人びとを結び，祭りを主催する役割を担っていた。本章では，漂泊者としての障害者の生活，生き方に注目する。

　まず1節では，当道制度や検校，座頭，瞽女，見世物などで活躍した障害者についてみてゆく。2節では，障害を持った人びとがどのように職業を選択し，そのためにどのような修行や準備をおこなったかについて述べる。最後に，農村に住んだ障害者の事例を示す。これらの事例はいずれも，大正・昭和の時代のものであるが，定住・漂泊社会のなかの生活を理解するために意義のある事例である。

1節　漂泊者としての障害者

　2003年「座頭市」という北野たけし監督・主演の映画が公開され，話題になった。作品は子母沢寛の同名の小説を映画化したもので，すでに1960年代から70年代にかけて勝新太郎主演で何本もが公開され人気を博していた。茨城県

笠間市の富士山つつじ公園には座頭市の石碑がある。北野や勝が演じた座頭とは一体なんであったかからこの節をはじめよう。

ところで，江戸時代の日本には眼病が多く，盲人も多かったといわれる。瞽女の他，盲人はひろく当道と呼ばれる集団を形成していたが，こうした集団ができたこと自体盲人が多かったことを意味しており，江戸時代にはおよそ7万5千人以上の盲人がいたといわれ，今日の盲人の出生率の2，3倍あるいはそれ以上であったという［立川：36］。

(1) 検校・座頭

視覚障害者たちは当道座に所属し，生業のため漂泊民として人生をおくっていた。室町時代，明石覚一が現れ全国的な当道座の基礎が固められた。当道座という制度は室町初期に平曲を語る「盲僧」を主体として組織された，いわば私設団体であった。盲人の生活保護を主旨として，古くから平家琵琶などの管弦，按摩，鍼灸を独占的な生業として習得させるのが当道という制度であり，朝廷では公家の久我家に管掌させて，盲人の位階をおき，いくつかの経済的な特権も与えた［江戸学辞典：291］。徳川の政策のもとでも，当道座は琵琶法師だけでなく，琴・三味線・鍼治・按摩業などによって生業をたてる視覚障害者たちを含むことになった［大隅，1998：118］。

当道座には，4官16階73刻の階級が設けられ，それぞれの階級ごとに価格を設けてこれを売りに出した。いわば売官である。4官とは検校・別当・勾当・座頭である。

明石覚一が当道座の組織を試みてから視覚障害者たちのなかに，自治という精神が芽生えた。当道の自治が制度的に公認されたのは徳川時代以降である。徳川時代初期に伊豆円一という優れた人物が現れた組織を強化した。江戸時代における視覚障害者政策の基本は，視覚障害者の組織である当道座をまず公認し，その上で当道座以外の視覚障害者組織，例えば九州各地の地神経読の視覚障害者に対して可能な限り当道座への参加を促すというものであった［同上書：95］。

検校という官職は，京都の職屋敷に勤める検校にしろ，江戸の総録屋敷に勤めている検校にしろ，あるいは無官の検校であるにしろ，多額の金銭とひき換えに買い取られた当道座最高の地位である。検校に限らず，勾当から座頭に至るまで当道座の官位の全てが私称であったが，この官位を徳川家康が公認した。家康が売官を認めたのは，その収入による視覚障害者の保護という政治的意図があったのであり，検校の値段は千両といわれた［同上書：110］。

京都の職屋敷と関東総録

当道制では京都にその総本部としての職屋敷が設置され，久我家を本所として，その最高権威者たる職検校（しょくけんぎょう）がこれを統括し，日本全国を支配していた。ところが元禄5年，江戸の検校杉山和一が平曲はもちろん鍼灸にすぐれ，五代将軍綱吉の病気治療にめざましい特効を果たしたので，綱吉の命により職検校の瞽官（ごかん）が与えられ，かつ関東総録として，関東8カ国を統括させることになった。江戸の関東総録は1692（元禄5）年から享保年間まで，本所一ツ目に設置されていて，関東8カ国の目の不自由な人たちを統括する関東における検校の長官とその職権を指している。関東総録は，三代目の嶋浦検校の引退後，その実権は再び京都の職屋敷に統一された［江戸学辞典：182-3］。

八橋検校

京都旅行のみやげといえば，「八つ橋」や「生八つ橋」を思い出す人は多いだろう。この菓子の名は，その形が琴に似ていることから，琴の名手であった八橋検校に由来しているのだという。八橋検校は名菓をとおしてもっとも有名な検校として現代にも知れわたっているわけである。この高名な検校の生涯をふりかえっておこう。

八橋検校は1614（慶長19）年生まれ，江戸時代初期に活躍した箏曲演奏家，作曲家である。幼少時より目が不自由であり，当道座に編入し，はじめに大阪の摂津で当道の表芸のひとつである三味線奏者として名を高めた。その後江戸に出て「筑紫流箏曲（つくし）」の伝承者法水に師事し，その技法を学んだ。以来，岩城

平藩主内藤義概の庇護をうけ、箏曲の確立に励んだ。1636（寛永13）年、上洛して勾当の位を獲得した（22歳）。さらに、九州肥前国諫早に赴き、賢順の第一高弟である慶厳寺の僧・玄恕に師事し、筑紫流の秘曲をことごとく授けられた。1639（寛永16）年、再度上洛して検校に任ぜられ、上永検校と称したが、のちに「八橋」と改めた。慶安年間（1648-52年）に箏曲の改革を行った。すなわち、音楽面、詞章面ともに筑紫箏曲の組み歌とは、大いに異なる新しい組歌13曲を創始したのである。彼は、器楽曲「六段の調べ」「八段の調べ」などの段ものと呼ばれる曲を遺す一方、多くの人に親しまれている「古今集」などの古歌に節づけをした、いわば声楽の伴奏として箏を使った「組み歌」を案出したのである［花田，1997：89］。彼は、これらの活動によって近世箏曲の基礎を確立したといわれる。1663（寛文3）年頃、京都に赴任し、近世箏曲の普及と伝承に貢献することになる数多くの門弟を育てた。1685（貞享2）年、逝去した（享年72歳）。

　このなかで、2度の上洛が記されているが、これは瞽官である勾当・検校を得るために京都の職屋敷で手続きをするための京都へ旅をしたことを示している。

　視覚障害者である検校たちは音楽家として、演奏家として名声を馳せていったのであり、音楽を通じて江戸幕府や将軍家との関係も深かった。幕府主催の儀式や催しものの場で、検校たちは平曲などの演奏を披露していることが歴史資料からうかがうことができる。表2－1は、生瀬克己が編んだ江戸時代の障害者にかかわる史料を集めた『近世障害者関係資料集成』から、幕府と検校の関係に関連する記事を整理したものである。

表2-1 幕府と検校の関係史

西暦	年号	記事
1657	明暦3	12月3日 幕府では,明春に三縁山の法事を営む為の勤番を命ずる。この夜に岩船検校は平家を演奏する。
1658	万治元	2月10日 幕府では,小姓組頭の米津出羽守田盛を水戸・徳川家にさしむけて,先日の狩で得た雁を与える。この日,岩船検校は平家を演奏する。
1659	万治2	1月16日 幕府に慶事があり,関係者に衣類などが与えられる。このとき,岩船検校に銀10枚が与えられ,盲人たちにも鳥目(ちょうもく,金銭のこと)が与えられた。
1660	万治3	6月2日 将軍が並河検校の平家琵琶を聞き,老齢にもかかわらず巧妙であるとのことで銀20枚と衣服が与えられた。
1668	寛文8	2月6日 千姫の法会が結願となり,久世広之が伝通院に代参し,関係者に金銭が与えられる。このとき頓写を命ぜられたことにより,岩舟検校・犬塚検校・斉藤勾当にも金銭が与えられる。
1670	寛文10	6月28日 幕府では月次の行事が行われ,吉川検校も将軍に面会する。 9月8日 幕府では,茶室完成の祝いを受け,乗馬を見物するなどして,夕方茨木検校が平家琵琶を演奏する。 10月27日 幕府では,2代将軍秀忠の墓所に久世広之が代参する。この日,岩舟検校・斉藤検校が平家琵琶を演奏する。
1672	寛文12	2月7日 幕府に法事があり,下級のものに褒賞が与えられる。このとき頓写がおこなわれ,平家琵琶を演奏した岩船検校に銀10枚が与えられ,盲人にも銭を施す。
1709	宝永6	5月27日 幕府に慶事があり,散楽猿楽の宴がもようされ関係者に金品が与えられる。このとき,三島惣検校に銀10枚が与えられ,盲人に銭が施される。
1709	宝永6	10月19日 三島惣検校は惣録を辞任し,代わって島浦検校が就任。三島検校の治療活動はこれまでと命ずる。
1716	享保元	2月27日 幕府に慶事があり,関係者から献上物が届く。祝いとして,島浦検校に銀が与えられ,盲人に鳥目が施される。
	享保年間	京都では,深草検校が三味線の名手といわれる
1835	天保5	幕府は,芦原検校を検校の上座につける。

出所:生瀬克己『近世障害者関係史料集成』明石書店,1996年より作成

表2-1によれば，江戸の検校たちは将軍や周辺の人びと，幕府関係者と琴や琵琶などの演奏，鍼灸治療をとおして関係を持っていた。さらに，検校は視覚障害者たちを管理する制度の長として幕府の行政的な役割をも果たしていた。

視覚障害者の旅

　当道の官位を入手するために視覚障害者は，納入金を当道座の総本部である京の職屋敷に納めて告文（こうもん）という辞令を貰わなければならない。しかし京から遠く離れた地に住む視覚障害者にとって，この金を京まで届けること自体が決して容易なことではなかった。そのため勾当以下の場合には自ら届けなくても送金できることになっていたが，検校ともなると自らの手で持参するのが原則であった。代理人をたてることも可能ではあったが江戸期の視覚障害者たちは当道座の官位を購入するために，喰うものも喰わずに金を貯めて琵琶を背にして杖を頼りに京都への旅に出た。しかし，やっとの思いで貯めた金を旅中に奪われたり時には生命さえも狙われたりすることさえあった［大隈，1998：115-116］。

　座に加入すれば，琴・三味線・按摩・鍼灸等による旅稼ぎができる。さらに金さえあれば，将軍にもお目にかかれる検校にもなれる。検校になれば紫衣（しえ）を着て駕籠に乗って，お供を従えて道中をすることだってできる［同上書：119-121］。だからこそ，彼らは困難な道のりにもかかわらず，金を持って京都への旅を敢行したのである。また，当道座員の旅について，当道証明をもっていれば旅館は無料であった。宿泊した旅館で相客の求めがあれば平曲を語ったり琴や三味線を弾いたりして祝儀を貰い受けることもあったし，鍼・按摩を求める客があればこれにも応じて治療代や包み金（つつみがね）を貰うこともあった。その上，当道が宿泊した旅館は，翌朝出発の際には彼らにいくらかの小遣い銭を与えなければならなかった。こんなわけで彼らは手持ちの金がなくても旅ができたのである［同上書：129］。

　視覚障害者たちが全国を旅する姿があったに違いないが，そのほとんどは生業としての旅であったろう。生業のために官位を得る旅，自分の技術や芸を売

るための旅が彼らの旅であった。早くから瞽女（ごぜ）や座頭たちは，地域の村々を回り暮らしをたてていた。

蕨宿の記録をみると，さまざまな視覚障害者が宿継ぎや村送りで旅をしている。これから検校の手形に加えて，諸国順在帳を所持して全国を継ぎ送りにより回る視覚障害者のいたことがわかる。文化10年には玄栄坊や備前の文永，同13年には越前の清雲という視覚障害者の事例が知られているが，中には中年で盲目となったため検校の官職を得て出世するためとして，検校手形をもって町在順行する視覚障害者や，諸国を神社仏閣参拝の旅と称する視覚障害者も蕨宿にやってきている［深井，1997：121-122］。

視覚障害者たちの旅の多くは，生業のためのものであった。遊芸の徒として村から町へ門付けしてまわったり，芸の師匠として滞在したりした。また鍼灸按摩の治療師として移動する者もいた。土地に定住して農業を営む農民たちを芸や技術を持って訪ね歩き，稼ぐ漂泊を人生とする人といえよう。

(2) 瞽女

視覚障害者の女性には，瞽女として各地を遍歴しながら，三味線を弾き歌を歌いながら旅する一群の人びとがいた。遍歴すると言っても全国をまわるのではなく，彼女らはそれぞれある程度限られた地域をまわることになる。

盲目の女性が楽器を手にした時期は，平安中期であるといわれる。ただしこの頃には三味線はまだ渡来していないし，箏・琴は男性の楽器であったから，彼女たちが手にできたのは鼓ということになる。視覚障害の女性が三味線を片手に村から村へと歩くようになる始期は，室町末期のことであろうが，彼女たちの遊芸活動が本格化するのは徳川期以降のことであった。慶長5（1600）年徳川家康が関ヶ原合戦に出陣しており，清洲の宿で駿河の国の瞽女5人が家康の必勝を祈願して勝鬨（かちどき）波節をうたい，このことをよろこんだ家康が関ヶ原戦後に駿河に屋敷を与えたといわれている。また，2代将軍秀忠の生母が日頃から眼病に悩まされていたこともあって，「盲目」の女性に同情を寄せていた。

永禄年間（1558-69）に三味線が渡来し，それが庶民の音楽として受け入れ

られた。室町末期から江戸初期にかけての時期に，彼女らは三味線にのせて端唄などをうたうことで暮らしの糧にしはじめた［大隈，1998：203-205］。

　元禄期を過ぎると，三味線だけではなく，芝居・浄瑠璃その他の芸能も盛んになってくる。これらの芸能は江戸や大坂のような大都会，あるいは諸大名の城下町などで中流以上の武士階級や裕福な町人たちに愛された。しかし，日々を懸命に働くしかなかった農民には，こうした芸能は無関係であったから，春・秋あるいは正月に訪れる瞽女の三味線と唄は農民たちの限りない慰安になった。

　瞽女たちはおおむね2，3人が1組になって村々をまわった。まわっていく村も決まっていた。それらの村では瞽女を宿泊させる瞽女宿もあった。村に結婚式があるときにも招かれることもあった。村の中の三味線を習いたい者の師匠になることもあった［同上書：207］。

　次に瞽女屋敷について紹介する。瞽女自身の仲間の統制と生活を守るための組織が，瞽女屋敷である。最古の瞽女屋敷は，駿河の国の府中にあったもので，徳川家康から屋敷をもらい受けたことに始まるが，界隈の瞽女は府中に来ると必ずこの瞽女屋敷に宿泊した。そして屋敷で門付区域を定めてもらって，門付けに出かけていき，定められた区域まわりが終わると再びこの屋敷に戻ってきた。江戸にも瞽女屋敷があった。家康の側室お万の方が甲斐の国の身延山に参詣したとき，道中の供をした二人の瞽女がその縁で江戸の鉄砲州に屋敷をもらい受け，このうち槇野が瞽女頭となった。全国の瞽女屋敷のうちで最大で，最も組織だっていたのは越後の国長岡にあったものであった。長岡の瞽女頭は領主の娘であった。領主牧野氏の娘が生まれながらに失明していたため，密かに他家に養女に出された。この娘が成人して山本ごいと名乗って柳原に屋敷を構え，同時に寺社奉行の認可を得て領内だけでなく，北陸一帯の瞽女頭になった［同上書：209］。

　近年まで残った瞽女として知られているのは，高田（新潟県）の瞽女である。高田の瞽女仲間を作っており，文化11（1814）年の仲間議定証文の写しが残っている。議定に連名している瞽女は56人，議定ではどのようなことが起こって

も仲間で相談し解決することを定めている。戦後の調査であるが，瞽女には親方と晴眼者の手引きがおり，親方の下に何人かの弟子が養女となって同居していた。何軒かの親しい家が組を作り，組が集まって仲間を構成し，彼女らが回村して得た米銭（べんせい）を組内で均等に人数割りしていた［深井，1997：120］。

　町場と違って村方では，歌，三味線の芸で人を楽しませてくれる瞽女は貴重な娯楽提供源であり，また自分の孫や子も盲目になる場合があるため，彼女らは村人から忌避される存在ではなかった。

　なかにはひとりで琴，三味線を教えながら各地をまわった視覚障害者の女性も存在していた。例えば，文化11（1828）年の蕨宿に，しばらく滞在して琴，三味線を稽古するとの送り書を持参した視覚障害者の女性1人が宿継ぎでやって来ている［同上書：121］。

(3) 見世物

　障害をもった人が見世物に登場し，人気者になったこともあった。

　手のない男女，つまり徳利児（とくりこ）の見世物はしばしば登場した。『和漢三才図絵』には「延宝年中摂州大阪に生まれながら両手の無き者あり，足を以て用を弁じ，かつ字を書き弓を射る。芝居に出て銭を乞う」とあり，万太郎という名前であったという［古川，1993：126］。享保10（1725）年には，江戸で嶋金太夫という40歳ぐらいの男が，袖無し羽織に袴をつけ，両足で煙草をきざんで見せ人気を集めた。天保4（1833）年3月，大阪難波新地に十数軒の見世物小屋が軒を並べて人を集めたが，その中でもっとも人気を呼んだのは徳利児無正軒亀吉の足芸だった。『見世物雑誌』には，「木芸亀吉は23，4歳と見ゆるかたの様子，実に手はなく，足は自由自在にしてはじめはたばこ盆をひかえ足にてたばこをひねり飲む，又足にて文字を書く甚だ能書也，又生花なすにその花の枝ぶり直すところ是又奇妙也，揚げ弓を射る一本とてはづさず，顔に付す遠方より身体にはづささるはよく手なしもの也」と感嘆している。亀吉が高座にのぼるときは焦げ茶色の小袖に博多の帯をしめ，唐草模

様の股引(ももひき)という姿。高座では，まず左足の指で腰に差した煙草入れを抜き取り，右足で指で煙管(きせる)を持ち，さらに左足の指で自分の前におかれた煙草盆をとって詰めてから吸うといった芸から，生花，弓などを見せて人気を呼んだ。この亀吉は4月には，月岡無正軒と名乗り，名古屋大須に移って興行した。ここでも満員を続けた［同上書：127］。

　天保7（1836）年，女徳利早咲小梅太夫が各地で足芸を興行し，女ゆえの人気もあり，後の女足芸流行のもととなった。小梅太夫は30歳ぐらい，琴，三味線，生花，縫い物，紙折り，切り抜き，揚弓，投扇などさまざまな足芸を見せた。幕末も近い万延元（1860）年に，大阪難波新地で竹本駒吉の足芸興行が行われた。駒吉はこれまでの徳利児の足芸に勇壮な力業を加えて，喝采を博した。彼の芸は，まず足調べに文字を書いたり，鼓を打ったりしたあと，巧みに足で鉢巻きをしめる。それから右足で5斗俵を差し上げたり，歯でくわえて振ったりし，最後にその俵を足で高く投げあげるという離れ業を演じた［同上書：127-8］。

　足のない肢体不自由者を達磨男と呼んだ。宝暦9（1795）年4月から大阪の坐摩(ざま)社境内で興行した達磨男は，種々の曲芸で人気を集めた。この男は四国の生まれで，本名は駒吉。両方足とも膝頭から下がなかった。彼の演じた大曲芸は雨中の曲，担桶(たご)の曲，吹貫(ふきぬき)の曲，板上鯱五の曲，高欄猿伝の曲，屏風伝枕の曲などといったもの。いずれも手を足の代わりに身の軽さを見せる芸であった。彼はその後東海道を巡業して江戸へ下り，明和6（1769）年の春から両国で興行しまた大当たりをとった［同上書：128-130］。

　なお，先に紹介した『近世障害者関係資料集成』にも関連した記事がある。

(4) 巫女－神との仲介者

　三味線で渡世するものを瞽女といったが，三味線以外のものを生業とする者もいた。鍼や按摩業もそうだし，青森県の恐れ山のイタコのように口寄せ巫女のようなものがこれにあたる。彼女らは瞽女ではなく単に「盲女」と呼ばれた

［大隅，1998：210］。

　奥羽では一般に口寄せの巫女をイタコという。これは多くは盲目の女である［柳田：巫女：309-310］。タタキミコとも口寄せともいう一種の巫女は，たいてい何村の住人であるかよく分からず，少なくとも5里8里の遠方から来る旅行者である［同上書：307］。乞食のような女だとは思いつつも，タタキミコを頼むものが絶えなかった［同上書：308］。

　柳田国男によれば，梓巫（あずさみこ）の盲目である例は近年まで多かった。たとえば，水戸地方で大弓と称する口寄せの，3尺ばかりの竹の弓を持ち，夜中燈火を暗くし，弓の弦を鳴らして亡者の託言をする者は必ず盲女の業であって，目明きはしなかった。民家の女子にして失明する者のこの業を学ぶこと按摩のようであった。秋田地方で2月から田植えの頃まで村を頼まれて歩き，梓弓を叩いて口寄せするエチコと呼ぶ女も皆盲目であった。羽前荘内で3尺ばかりの弓を腰に帯びて歩く梓巫は皆盲目にしてかつ尼であった。陸中盛岡周辺の盲巫女と書いてイタコと読ませ，さらにこの者が神下ろし・祈り加持，数珠占いをなし，あるいは亡者を招きよせて吉凶を語った。しこうして盲巫女の亭主はこれも一種の修験者たる琵琶法師で双方盲目であった［同上書：396］。

　以上みてきたように，障害をもった人たちは，芸能や巫女として漂泊の人生を送ることを選択していた。

2節　職業選択と修行

　障害者がいかに職業を選択し，そのための技能・能力を身につけていくかについて，いわば職業訓練の過程およびその人生に注目して資料を紹介しよう。生活能力を身につけるための努力やその過程は健常者，定住者のそれとは異なっているからである。ここでは，(1)瞽女の修行について最後の瞽女といわれた小林ハルの経験から，(2)見世物小屋の人生について，そして(3)巫女の修行

についてブラッカーの調査報告のから述べていく。

(1) 瞽女の修行体験

　小林ハルは，1900（明治33）年新潟県に生まれた。瞽女を職業として，その芸は高く評価され，1970（昭和45）年には人間国宝となり，勲章も受章した。最後の瞽女と呼ばれた彼女の修行時代について本間章子の著書から紹介する［本間，2001：第3章］。

　　小林ハルは，視覚障害であることが分かってから，父母から遠ざけられ祖父母によって家のもっとも奥の部屋で育てられていた。ハルが，5歳になると祖父はハルの将来を切実に考えるようになった。そのころ目に見えないものは，男だったら「座頭」か「按摩」，女だったら「按摩」か「巫女」「瞽女」と相場は決まっていた。「巫女」は楽だが，稼ぎを考えると「瞽女」か「按摩」。「瞽女」は華やかだが，世間を歩く分，危険が多そうだ。それで，祖父は最初，ハルを瞽女ではなく，「按摩」にしようと思い，隣村の按摩師のところへ顔合わせにつれていった。弟子入りは決まったが，その男の酒癖が悪いことが分かり，ハルは恐がり「じいちゃん，おら，按摩はいやだ！」と祖父にしがみついた。祖父はあきらめて，「瞽女」を選択し，「よし，おまえは瞽女になれ。瞽女になれば，きれいな着物着て，いろんなところに行けるんだぞ」と言った。

　　昔はどんなところにも瞽女の一行が巡業に来ていた。村境の道を，二人三人と瞽女が連なってやってくると，子どもたちは「瞽女さんが来た」と大騒ぎして後をついてまわる。テレビやラジオのない時代，農村にひとときの娯楽をもたらす瞽女は喜ばれ，また縁起が良いと大事にされていた。どんな小さな村にも，「一晩泊めておくんなせ」といえば，快く招き入れる家があった。家の人は，目の不自由な客人のために風呂を沸かし，ご馳走をふるまい，床の用意をする。晩の食事が終わると，瞽女たちは宿賃のかわりに「宿唄」を披露する。今宵の宴の始まりである。それを聞こうと村人も集まってくる。

毎年巡業を重ねるうちに、馴染みの宿ができ、瞽女たちは親しみをこめて「瞽女宿」と呼んだ。ハルの家も「瞽女宿」をしていたので、祖父は常連のひとりのフジに、ハルを弟子入りさせることにした。そのときフジは29歳、5歳のハルは「21年の年季」で弟子入りした。

　弟子入りといってもいくつかの形態がある。養子縁組をして戸籍上も親子になり、1年中生活をともにすることもあるし、どちらかの家に通いながら稽古をつけ、春秋の巡業だけ一緒に歩く、という方法もある。ハルの場合は後者であった。フジがハルの家に通って稽古をつけ、ある程度唄えるようになってから旅に連れていくことにして、稽古はハルが7つになってから始めることになった。こう決まると、祖母に遠慮してハルにかまわなかった母親はこういった。「瞽女になるからにはひとりで何でもできなくてはだめだ。オラがお前をしつける。今日からオラの言うことをよく聞け。瞽女として旅に出れば、子どもだからといって親方に面倒はかけられない。親方の荷物を担ぎ、宿願いもして、芸の修行も怠ってはいけない。親方の手間を煩わせないのが、弟子としての最初の役割であり、そのためにはまず自分のことができなければならない」。フジ親方は母親に、「最初の稽古がはじまるまでに、何でもひとりでできるようにしておくように」と申し渡していたのであった。

　最初の課題は「ひとりで起床すること」である。「旅のあいだは、朝寝坊は許されない。6時きっかりに起きて。ひとりで支度しろ。家の人は誰も起こしてくれない。それができなければ朝ご飯は抜きだ」母のしつけは、午前も午後も、毎日続いた。お辞儀の仕方から、お下げの結い方、着物のたたみ方、風呂敷を使った荷の作り方。旅の途中で雨に見舞われたら三味線が濡れないように雨具のなかに入れて弾くことまでも、母はひとつひとつ教えた。一連の日常の作法を教わると、次は針仕事を習った。旅のあいだには自分で着物や足袋を繕わなければならないからだ。針の穴に糸を通すのは困難であるが、「通せないうちはご飯抜きだ」と怒鳴られる。編み物をも習った。火は使えないが、お勝手仕事も少しばかり習った。芋や大根の皮むきは「誰にでもできることだから覚えなくてはならない」といわれ、おそるおそる包丁

を握った。家の人に火を見てもらって，煮物とみそ汁くらいはつくれるようになった。

　7歳の12月，旅回りを終えて，フジ親方がやってきた。ハルの家で幾晩か泊まり三味線と唄を教える。朝ごはんの後唄の稽古がはじまる。親方の後について，唄の文句と節を，口移しで覚えていく。意味が分からないから音だけがたよりであり，書き留めることもできないので，記憶力が勝負になる。一句一句，脳に刻んで一文につなげていき，唄えば何時間もかかるような，語り物を覚えなければならない。唄の稽古が進むと三味線も覚えていく。三味線は，親方が後ろからハルを抱え込むようにして，ハルの両手に自分の手をかぶせて棹を握り，ここをこうしてと押さえるのである。ハルの指はまだ柔らかいので，指先が破れて血が出てきてしまう。稽古は1日中，1ヶ月間ぶっ通しである。親方には血が出ていることは分からない。弦は赤く染まった。

　朝晩の「寒稽古」を始めたのもこの年であった。これは，瞽女の命である寒声（かんごえ）を手に入れるための苛酷な稽古で，文字通り「大寒」の12月もっとも雪の降る季節に行うのが通例である。寒声は瞽女の「独自の発声法」であり，強く太く，長くのびる声で，幼い頃から稽古を始めて修得する。喉から血を流し，稽古の過程で声帯をつぶし瞽女の道をあきらめた者も少なくないという。すっぽりと雪が覆っている信濃川の土手で，朝5時から7時まで，夜は6時から11時まで，渾身の力をこめて川に向かって大声で唄う。冷え込む師走の朝晩に，川風に負けないように，とにかく大声で唄いつづけるのが「寒稽古」である。喉も腹も，全身を使ってようやく出せる力強い声を身につけていく。朝晩の食事は寒稽古の後である。喉をやられていて，食べることができたのは冷ました重湯だけであった。しかし，いったん寒声を使えるようになると，一人前の瞽女になってからいくら唄っても疲れないし，声が枯れることがない。7歳から始まったハルの寒稽古は21の年になるまでつづいた。

　9歳の時初旅にでた。フジ親方と姉弟子，手引きとの4人旅である。親方と

自分の2人分の旅支度を背負うのも修行であった。瞽女の旅にもある多くの困難も修行といえるかも知れない。

(2) 見世物小屋の人生－中村久子－

中村久子は見世物小屋を人生の場とした人であった。本人の手記により，その人生を紹介する。

　飛騨高山に生まれ，数え年4歳の時に，左足の甲に霜焼けをしたのが原因で，恐ろしい脱疽病(だっそ)になりました。この病気にかかると体の組織の一部が生活力を失って脱落していきます。左足から左手に，右手に右足にと4本の手足ともに高熱のために真っ黒になり，とうとう左手首がころりと落ちたそうです。すぐに，右の手も手首から切り落とし，左足も膝とかかとの中程から切りました。右足もかかとのところから切断して，病みだしてからわずか1ヶ月余りのあいだに手足のない無惨な姿になったのです。7つの年の夏，父は急病でなくなり，かよわい母の手に残されたものは多くの借財，手足のない子ども，生後1年9ヶ月足らずの弟など背負いきれない重荷でした［中村，1961上：56-57］。梅雨の明ける頃になると冬のあいだ着て，汚した衣類が仕立て替えされるのですが，母はほどき物を言いつけます。手がないためにいつのまにか両足の棒きれのような長い，短い足の先で「はさみ」を使っていましたけれど，衣類の袖口，袖つけ，襟先などの固いとめ糸を切ることはできません。とめ糸だけ切って下さいと母に頼んだが，自分の仕事は自分で考えてやりなさいと言われ，ようやく考えたのが，口ではさみを使うことを覚えました。

　お針仕事もやはり母にいわれて，針を口にくわえて縫うことも覚えてきました。しかし，針に糸を通すことや，糸の端の結び玉をつくることはなかなかできないので，母や姉，祖母にしてもらっていましたが，人手を借りることは意のままにならないのでとうとう口と短い腕でするようになりました。縫い上げたお人形の着物もお手玉，巾着も口で縫い，口で糸ごきをするため

に，どれもこれもつばでべとべとにぬれました。ぬれないお針をするにはどうしたらよいか，このことは13年という長い年月の間，私は考えに考え抜きました。そしていつとはなしにぬれない仕事ができるようになったことは，まったく我ながら不思議の感がいたします。

　囲炉裏に火をたくことも母にいわれて考えたひとつです。マッチがすれないので母に頼んだけれど例の通り，自分で考えてやりなさいとはねられて，その揚げ句やっと考えたのが「キセル」の吸い口にマッチを差し込んですりましたが，吸い口のところで火が消えても燃え残りを吸い口からつまみ出すことをしないで，そのあとからあとからマッチのじく木を差し込むために「キセル」はとうとう「キセル」の用をなさなくなってしまって高い棚の上にあげられてしまいました。手の代わりをしてくれるキセルが手元から消えてからまた新たに考え直さねばなりません。やっと思いついたことは口ですることでしたが，はじめは恐くて容易にすれなかった。でも息を押さえてすることができるようになったので今もマッチをするときは，こうしてやっております。

　お部屋の掃除，水を柄杓でくむ，包丁を使うこと，お洗濯，食事の仕方などの室内でする仕事のひとつひとつを母によってきびしいまでの，慈愛あるしつけを受けたおかげさまでどうにか今日まで，女として生きてくることができました［同上書：58-59］。

　年毎に考えさせられる問題は，自活の道です。体の丈夫でない母は気候の変わり目に心臓が弱まって，時にはめまいで倒れるなど度々ありました。そのたびに家でも親戚，祖母たちの大きな苦痛は，「手足のない娘」の世話を母に万一のことがあったら誰がするか，それにともなう費用は誰が負担するのか？　母の発作が起こるたびに，悲しんでばかりはいられなくなりました。貧困者には最低の生活保護はありましたが，それを受けるなら一生受けなければなりません。けれど，受けることはできません。「1日なさざれば1日食せず」。手足がなくても生かされている以上は，働いて生活を立てていくことは人間として当然なこと，を信念としている私は，国のお金や天皇さま

のお金をいただくことはもったいなさすぎる．こうした気持ちから見世物小屋に入るべく決心いたしましたが，もうひとつの心の声が聞こえます．
　その頃山のなかの町では珍しいインテリ女性で同年位のお友達が5，6人ありました．その人たちが貸してくださった文学雑誌，いろいろの書物をたくさん読ませていただいた．読んだ私の心は「見世物の芸人になんか出てはいけない．お前はもっと勉強して見識をもって生きていけ！」と命令します．自分の真実の心もまたささやきます．人生を正しく生きるのです．見世物に出たくはない．我が心のいくつもの声を聞きつつ，とまどいながら現実を捨てることも逃れることもならず，パンを求めるためにはじめに決心したとおり小屋入りすることにしました．「不自由な体なんだから一ア，つらいことがあったら何時でも帰っておいでよナーア．体を大事にするんだぞ．」悲しい母の声をあとに，故郷を出ました．大正5年（1916）年11月6日午前3時，見世物小屋入りすべく旅立ちの時．名古屋に向かってバスにも乗らず，荷車の上の人となって4日間山坂道をゆられ，不夜城のような名古屋市に4日目の夜つきました．
　いよいよ12月1日，大須，堂裏の宝屋にて開演．「だるま娘」初出演．大きなビラが市内各所に張り出され，その日は目前にせまりました．四肢なき女に付けられた名は宿命的であるとはいえ，私はなによりも嫌いな名前でした［中村，下：54-55］．

このように，中村の母親による「自分で考えて，何でもできるようになれ」というしつけのなかで習得した針仕事などの技術を見世物として舞台に上り，人気を博した．遠く満州や台湾へも公演旅行に出かけたという．
　さらに，彼女は芸について工夫を重ねたことを次のように書いている．

　手足の悪い者が，たんに針をする，字を書くだけでは真の技芸ではありません．一つひとつの仕事に熱と磨きがなければ，真の芸人とはいえません．さらし木綿の肌着や浴衣をやめて，観客の前で縫うものは絹物，例えば銘仙，

縮緬，羽二重など，裁ち方，へらづけ，小手あて，それぞれを心を込めて裁縫をしました。編み物，毛糸を単に編んでいたのですが，毛糸ではショール，チョッキ，子供服，レース系では小型テーブルセンター，花瓶敷き，ハンドバック，銀貨入れなど婦人雑誌の付録をみてそれに独創のものを加えたりしました。技芸，つまり仕事に妙味が湧いてきて，見世物小屋の生活が人間の生活からかけ離れた天地である感がして，宿舎にいるよりも小屋が好きになりました。芸人は若いときほど人気があるといわれるのに，私はすでに30すぎていましたが，その人気を保ち，精魂打ち込んで仕事ができたのは，人の子の母親だったたまものです。口書きの下手な色紙や短冊も若い頃よりよく売れて，土地の事務所も目を見張りました［中村久子，1971：120-121］。

中村は全国ばかりでなく満州，朝鮮，台湾にまで一座の座員として，あるいは独立興業の巡業をおこなった。そして，1942（昭和17）年，45歳のとき三重県の津市で正月興行を打ったのを最後に22年間の見世物芸人としての生活に決別した［同上書：139］。1937（昭和12）年ヘレン・ケラーに最初に面会したのにつづき，1948（昭和23）年，1955（昭和33）年にも面会するなどし，その後今度は全国を講演旅行のためにとびまわった。

(3) 巫女としての修行

ブラッカーは，1961年の夏と秋日本で，人びとの信仰と修行について調査をおこない，『あずさ弓』を著した。そのなかで，イタコになる視覚障害者の女性の体験を聞き取り，記録している［Blacker，上：iv］。

イタコまたはイチコとして知られる盲目の霊媒は，本州の東北地方のほとんどの県に今でも見出せるが，それ以外の土地に彼女たちの痕跡はない。イタコがその聖なる職業に入る動機を調べよう。ある娘がイタコになることを強いられるのは，まったく単純にも彼女が盲目だからである。彼女は生まれつき盲目であるか，または病気や栄養失調のために幼児期に盲目になる。日

本では，伝統的にいくつかの職業が盲目の人たちのために別にとってあるが，その中では按摩と尺八吹きは顕著な例であろう。北方では霊媒の仕事もまた，久しくこれらの人びとの手にあった。彼女の動機は自由意志によるものであり，まったく具体的である。霊媒になることで，彼女は共同体の重荷であるよりもむしろ生活力のある一員となる。役立たずという烙印から彼女を救うために，両親は，すでに評価を得ているイタコに弟子入りさせ，その家で必要な訓練を受けることになる。その時期はまだ娘がやっと12，3歳になるかならずの頃であるから，決心をするのは彼女自身というよりも，むしろ両親である。彼女が初潮を迎える前に弟子入りしなければならないというのが，その地方全体に普及している信念である［Blacker，上：172-174］。

弟子入りしている期間は，一般に師匠の家に住む。彼女はそこで訓練に必要とされる期間2，3年，時には5年間もとどまり，訓練の合間は内弟子としてのあらゆる仕事をする［同上書：174］。1年を通して行う訓練の日常の決まりは次のようなものであった。夜明け前に起きて，朝の水行をした。それから先祖の仏壇の前で短い経文を唱え，朝食の後で朝の日課に入った。そこで，幾つかの経文，民謡，祝詞(のりと)，和讃(わさん)として知られている聖歌を一言ずつ師匠について唱えた。経文には般若心経，観音経，地蔵経，地蔵和讃などが含まれていた。昼食のあと，午前中に覚えた章句を習わなければならなかった。夕食のあとで，さらに勉強があり，夜の水行をすまして寝るのだった［同上書：174 - 175］。

イニシエーションの儀礼が近づくと，苦行は残忍なほど強められる。鈴木つや子は1935（昭和10）年，12歳の時に体験した試練を語っている。行の強化はイニシエーションの百日前からはじまり，霊的な力のある丑三つ時の午前2時に起きて，川岸まで手探りで行き，両肩から12杯の冷水を浴びねばならなかった。それから近くの稲荷神社まで歩き，蝋燭の火をともして般若心経を唱える。この期間中，彼女も家族の者も肉類や強い臭いの野菜は食べなかった。イニシエーション1週間前，苦行はさらに厳しくなった。彼女はまず三断ちを守らねばならなかった。どんな穀物も，塩も，料理した食物も口

にしてはならなかった。また，苦行が冬に行われるときには，決して炉端やその他火の気のあるところに近寄ってはならなかった。毎日，彼女は肩から千杯を下らない冷水を浴びたが，その一つひとつを数珠玉で数えた。同時に，般若心経を千回と観音経を2回唱えなければならなかった。このすさまじい苦行は，夜明けから夜遅くまで続いていたので，その週の間中彼女はあまり眠ることは許されなかった。この恐ろしい規律の最初の2日間は耐え難いほどだったと彼女は述べている。厳冬，不眠，そして半飢餓状態が，彼女を失神の手前にまで追いやった。関節の痛みがあまりにもひどかったので，ほとんど歩くことも頭上に桶を持ち上げることもできなくなった。しかし，3日目，突然苦痛が消えた。彼女はものすごい力と情熱が満ちあふれるように感じられ，最後のイニシエーションの完成のためにはいかなる試練にも耐えられるように思われた［同上書：176-177］。

こうして，イニシエーションの儀礼自体は，試練の期間が最高潮に達したときに来る。奈良なかは，彼女の地方では「ゆるし」と呼ばれる儀礼が，師匠の家の1室で行われたことを記憶している。邪悪なものの侵入を止め，力を妨げるために注意深く幕を張り，神聖な紐をめぐらしてあった。暗くなった部屋には，不気味な神秘的雰囲気が満ちていた。何人かの客，とくに彼女の家族や近くに住む師匠の弟子たちが儀式に招かれた。祭壇は部屋の奥に作られ，3俵の米が供えられていて，その真ん中の俵には御幣がたてられた。祭壇の前の娘の席は，さらに3俵の米俵で囲まれ，背後に1俵，両脇に2俵がおかれ，彼女の前に師匠が座った。やがて部屋の中の年長のイタコたちが娘と師匠のまわりをぐるぐるとめぐりながら，彼女の暗誦した経文と祭礼文を繰り返し唱え始めた。次第に高い律動的な騒音やまわりをめぐる動きによって奈良なかは無数の神が部屋の中に流入し，その中のひとつが彼女に乗り移ったような気がした。その瞬間に彼女は気を失った。気がついたときには彼女は次の間に寝かされていて，師匠が儀礼は成功であったと告げた。彼女が失神している間に，師匠は「誰が来た」と尋ね，娘は確信のある態度で神の名前を告げたが，その神はその後彼女の守護神となった。儀礼の最後の

段階は結婚式の形式をとった。娘のすべての縁者が，師匠の年長の弟子たちとともに列席し，彼女はそれまで着ていた白衣から結婚の式服に似合いの模様の付いた振り袖のきれいな着物に着替えた。彼女は今や，彼女に乗り移った神に捧げられ，結婚したのであるが，その神は彼女を守護するものとしての関係を樹立したのである［同上書：176-180］。

イニシエーション儀礼の最終段階には，霊力を伝える道具渡しがある。それなしでは彼女が神や死霊を招き，彼女に乗り移るようにさせる仕事をやり遂げられないという道具である。主として次の3種類である。死霊を招くのに使う弓または一絃琴，神霊を招くためのオシラサマと呼ばれる1対の人形，そして両方の霊を招来するために区別なく使われる数珠である［同上書：182］。

彼女たちはイニシエーションされ，霊力を持つ道具を所有したとき演じる役割は神降ろし，または口寄せである。神降ろしは，地方の神社で儀礼を行う。新年，田植え時，収穫時期などに嵐，雨季，病気，火事そして米の収穫そのそのものについて神に祈願する。それ以上に重要で時間をとるのが，死者の霊を招く口寄せの仕事である［同上書：187-8］。

この節では3人の障害を持った人たちが，自分の生きるすべを手にいれていく子供時代，修行時代の記録をみてきた。いずれも農民の家に生まれながら，農業につくことは考えることはなく，瞽女，見世物，巫女という漂泊者としての人生を選択し，そのための準備することに子供時代や青春時代を費やしてきたのである。

3節　農村に生きる障害者

これまで述べてきたのは漂白型の人生を生きてきた人びとについてであるが，定住型農民の人生をおくった事例についての報告があるので，紹介しておく。

戦前の農村に生活した女性たちに関する調査をおこなった人類学の研究書である『須恵村の女たち』のなかに，節子という視覚障害の女性が登場する。

人類学者ジョン・エブリー夫妻が1935―36年，熊本県須恵村において調査した資料にもとづく文献であり，女性たちの生活をいきいきと描いているが，その11章は心身障害を持つ女性の生活について記述している。また，本書口絵写真には当時撮影された2人の瞽女を撮影した「村をまわる年老いた瞽女」と題する写真があり，目を引く。そのなかで，障害者で自立した生活を送っていた女性のみごとな例として清水節子という女性が紹介されている。45歳で，「おしでつんぼの節子」として村内では一般に知られていた人である。

　節子は非常に貧しい家族の1員である。彼女は鹿児島の特殊学校に行き，そこで手振りによって他人を理解し，自分を理解してもらうことを学んだ。彼女は読むことができるが，音楽を聴くことができないにもかかわらず，よい踊り手である。今夜の宴会でも，込み入った踊りの際に彼女は他の女たちにステップの踏み方を教えていた。彼女に対する他の女たちの態度は，幾分保護的であるにせよ，きわめて友好的だった。彼女は自分が理解困難なときには，ぶつぶつ言い，顔を赤くするが，確かに決して不幸には見えなかった［Smith：488-489］。

　節子の最初の娘は約10年前に結婚した。結婚には仲人がいたが，下田の妻が村のなかで誰よりもよく節子の手振りが分かるので，彼女が交渉を手伝ってくれた。「ある日，私は山から馬を引いて歩いてくる彼女に出会ったが，それはその日3回目の帰り道であった。彼女は自分で木を切り，それを持って帰るところであった。彼女は一人で歩いていた。・・・彼女は婦人の講銀の講員だった。昨夜くじが当たったので，彼女は自分の家で宴会を行った。彼女はすべての村の催し物に参加していたし，学校の会合も決して欠かさなかった。他の女たちが出席しているすべての講演にも行った［同上書：489］。

　彼女は子どもたちと一緒に，下田という名の70歳になる盲目の女性が住んでいた。節子はこのおばあさんが自分の面倒を見てくれる人が誰もいなく

なったと言って泣いて，彼女のところに来たので，おばあさんを家に入れたと説明した。おばあさんは「節子はうちの亭主たい」と何度も言った。節子は得意気に，自分は男の仕事，すなわち薪を取り集める，田畑を耕すなどをすべてやると身振りで示した。彼女と娘の一人は，蚕を飼っていたが，他の家ではそれを手伝う男が必ずいた。彼女はまた，自分の夫は死に，息子はよそに働きにいき，娘のうち2人は結婚していると説明していた。彼女のやることやそのやり方は，他の女たちとまったく変わらない。彼女は最初の夫が死んだとき，2番目の夫を持ったが，彼は彼女にもとを去っていった。3番目の夫，つまり一番下の娘の父親は彼女自身と扶養者を食べさせる全責任を彼女に押しつけて，自分勝手に出ていった［同上書：490］。

本章では，戦前までの障害者の人生に着目していくつかの事例を示してきた。ここに現れた人生は極めて厳しく，現代のわれわれの視点からすれば目を覆いたくなるようではあるが，彼女らは自分の人生を生き抜くためにそれぞれの時点，状況で最大限の努力をしていた。そして生きていたのである。障害者にとって，漂泊という生き方によって日本社会に生きていくことが出来る可能性が存在していたのである。その後の産業社会においては，どうなったのであろうか。漂泊という生き方は彼らからも，日本人全体からも激減，消滅へ向かった。障害者は自らの力で生きる自立性を失う過程が本格的な産業社会の到来とともに，始まっていく。その過程について論ずるのは次の章の課題である。

第3章　産業社会と漂泊者としての障害者の消滅

　前近代的社会においては，困難や屈辱があったにせよ障害者もその社会的役割を持ち，それを果たしながら自立的に生きる可能性があった。芸能者，音楽家として見世物小屋のエンタテナーとしての役割，芸能や娯楽の提供者としての人生があったのである。しかるに，現代社会において障害者は自動的に弱者とカテゴライズされ，自立できない存在，福祉や介護の対象者としてのみ認識されている。ここではなにゆえ，いかなる事情によって障害を持つ人びとが弱者として扱われ，介護の対象としてのみ社会のなかに位置づけられるようになったのかについて問いたい。本当に障害者は弱者なのか。現代では弱者とはいかなる意味を持っているのかについて問うことにしよう。

　ところで，近代・現代社会をどう見るかについては多くの視点があると考えられるが，「産業社会」であるという定義には疑問の余地がないだろう。産業社会（industrial society）とすれば，それ以前は前産業社会（pre-industrial society）と呼ぶことができる。そこで，近代の産業社会における人間のあり方について考え，そのなかで障害者の位置づけについて考察していくことにしよう。産業社会における人びとの多くは産業労働者，すなわち農地を放棄し農業を離れて，産業都市に集住し第2次産業や第3次産業に従事する人びとである。旧来の農業定住型の人びとも漂泊型の人びとも，ともに産業労働者になるよう求められた。日本の産業社会への歩みは，明治期にはじまる富国強兵，殖産興業の政策から，高度経済成長期にいたって完成されていく。

　本章では，自立できず，弱者として庇護を待つだけの障害者へ変化する過程，およびさらに排除されていく過程をも見ておかなければならない。そこで，本章は五つの節によって構成される。1節では，明治以来の富国強兵および徴兵制の下における障害者排除について述べる。2節では，明治以来進んできて，

戦後の高度経済成長期に至る間に発生した都市および農村における変化を概観する。3節では，エンターテイメントの担い手としての障害者の消滅について述べ，自立の可能性を失い，福祉の対象へと変わっていく過程を見る。4節では，高度経済成長期に確立する産業労働に着目し，さらに福祉との関わりについて論じ，障害者の社会的位置づけについて論じる。第5節においては，典型的な近代の都市居住空間であるニュータウンの人びとによる障害者排除の論理についてみてゆく。

1節　明治から高度経済成長期まで

(1)　産業化の歩み

　戦後の高度経済成長時期にいたって日本の農村共同体は崩壊し，産業都市の形成が進展した。それはいかなる事情によるものであったのか。明治期に日本は産業化への歩みを始めたはずにもかかわらず，伝統農村が存続しつづけた理由は説明されねばならない。この回答に関しては富永健一の著作に依拠して説明を試みよう。彼によれば，明治期における産業化路線は，国家目標としての産業主義であったからであった。すなわち，国家による産業主義の独占によって，国民レベルの生活空間であったがゆえに農村共同体は存続したというわけである。ならば，それにともなって，障害者の生活空間や生活方法に関しても伝統的な形式が残ったということができよう。農業社会から産業社会への変動は明治期からはじまる長い道のりであるとはいえ，高度経済成長期を境として，古くからつづく定住農業社会の崩壊はドラスティックに進み，決定的な段階に向かっていくというわけである。

　日本において産業主義はあくまで西洋からの文化伝達の産物であるが，日本人はこの輸入された産業主義から，西洋文化に固有な功利主義的個人主義を切り離して，これを国家目標として位置づけることによって自国の文化と巧みに接合したというものである。換言すれば，産業主義を経済的価値そのものとし

てより，むしろ達成されるべき国家目標（「富国強兵」），すなわち集合主義的価値として位置づけることを意味する。このような方式により産業主義の受容を政治的価値の優位という日本の伝統的な価値体系のなかに融合させることが可能となる［富永，1990：156］。

　産業化を推進して国民経済を豊かにすることが，国家の目標そのものと考えられていた。大久保利通によれば，人民を豊かにすることは政府の責任である。なぜなら，人民を豊かにすることによって日本の国力が増し，日本は西洋先進諸国と対等の地位に立つことができるようになるからである。政府が人民を豊かにするのは，人民の欲求充足の水準を高めるためだとは大久保は言っていない。それは国家を強大ならしめるためだと彼は言っているのである［同上書：158］。

　明治日本においては殖産興業という経済的価値を国家目標という政治的価値と融合させることによっておこなわれ，かくして政府主導による「上からの産業化」に好都合な状況が実現されたわけである。すなわち，産業主義の導入は，個人の効用関数の最大満足という功利主義的個人主義の価値によってではなく，「富国強兵」という集合主義的価値によって正当化されたのであった［同上書：234］。富国強兵を目指す国民皆兵の方針のなかで，徴兵検査が実施され，男子は等級分けされることになった。

(2) 丁種合格という排除

　明治政府は1872（明治5）年「徴兵令制定の詔」「太政官布告」にもとづいて，翌1873年，国民皆兵をタテマエとする徴兵令を公布した。その後1889（明治22）年，戸主も徴兵の対象となり国民皆兵の制度が完成した。1893（明治16）年には「陸海軍軍人に賜りたる勅諭（軍人勅諭）」が公布された。

　国民皆兵を志向した「徴兵令」であったが，女性は完全に排除されていた。しかし，女性はつねに兵営の外にあって「良妻賢母」として，国家のために夫を支え，強い日本男子を育成することを強く期待され，要求されていた［田村：87］。つまり，兵士にならない女性も，兵士と国家を支える存在として位

置づけられていたのである。

　他方，障害を持つものにとっても，男性であれば日本男子の義務である徴兵制度からは逃れることはできず，徴兵検査を受け，その結果に応じて軍人，兵としての責務を果たさなければならない。障害を持って生まれ人が，徴兵検査を受けた経験を後年回顧して，詠んだ短歌がある［堺本，2003：10］。

　　リヤカーに　乗せられて行き　受けたりし　兵隊検査　遠い日のこと
　　辱め　らるる思いに　検査受け　「お気の毒です」　丁種合格

　作者である堺本聡男は不自由な身体を，兄の引くリヤカーに横たえて，徴兵検査を受けに行き，辱めを受ける気持ちで身体検査や知能検査を受けたのである。その結果は，検査官や周囲の人びとから「お気の毒です」といわれる丁種合格であった。それは，兵士として軍務に耐えられぬ身体であり，一人前の日本男子としては失格であることの確認であった。日本人であることは辛うじて「合格」ではあるが，天皇や日本国の繁栄のために働くには能力が足りない「丁種」であり，労働者・兵士からつまり日本男子からは排除の宣告であった。
　堺本聡男は大正9（1920）年生まれであるが，「生まれたときからの肢体不自由」で「5歳6歳になってもついに立つことができず，座ることもなお不安定」であった。小学校には1年おくれて入学し，母に背負われて通った。いろいろな医師のドアをたたいたが，病名すらも判らなかった。小学2年の時はじめて脳性小児マヒと判った。昭和6年，10年に父母が相次いで亡くなり，学校へも行かなくなったが，昭和12年（1937年，17歳）早稲田中学講義録を兄に買ってもらい独学した。昭和18年，戦争はますます苛烈を極め，文字通りの戦争傍観者であってみれば，一層なにかせずにはいられない気持ちで，袋貼りでも封筒の宛名書きでもと思っていたがひとりで外出できないために消極的になってしまった「堺本，1956：51」。徴兵検査を受けたのはちょうどその頃であった。

2節　高度経済成長期以降の日本社会の変容

　戦後の新憲法は，軍備を保持しないと宣言することによって，国家目標としての「強兵」を全面的に否定した。第2に，戦後の新憲法によって天皇も国家も忠誠の目標ではなくなった。だから「富国強兵」という集合主義的価値は存在しなくなった。かくて，経済的価値と政治的価値の融合ということもあり得なくなった。それ以来，日本人にとっても，個人の効用的関数としての経済的価値は独立性を与えられて，重要な位置をしめるようになった。こうして，日本人の価値体系のなかで，戦前に抑圧されていた私的欲望が解放されたのである。

　この節では，(1)および(2)で近代的な産業都市への居住が進み，かつての農業定住社会—漂泊社会の特徴が衰退していったことについて論ずる。

(1)　農村定住社会の変容

　日本の伝統的な村落は，明治維新によっても解体されることなく，戦前期の全部と戦後の高度経済成長開始まで持続したが，ただ明治維新後になって起こった一つの重要な変化は，自作農民が地主と小作へと両極分解したことであった。第二次世界大戦後，日本の村落は2重の大きな社会変動を経験した。一つは，戦後改革の一環としての農地改革で，1947年から1950年にかけて零細小作農の貧困問題を解決するために，占領軍の主導のもとに行われた。もう一つは，1955年から本格化した日本経済の高度経済成長が農村に及ぼした大きな影響である［富永：288-289］。

　1955（昭和30）年の少し前あたりから工業部門において急速に進行し始めた技術革新は，生産力を飛躍的に高めることによって工業労働者および新中間層の所得水準を押し上げたので，農業所得は増加したものの，あっという間に追い越された。農民の農業所得と都市の労働者の所得とのギャップを解消するた

めに,農民は兼業化を選んだ。高度経済成長は,雇用機会を農民に提供したし,農業の機械化の進展による省力化は農業労働時間を大幅に短縮したので,夫は工場に通勤して週末にのみ農業に従事し,平日は妻と老人が農業を受け持つといった形の「3ちゃん農業(母ちゃん・爺ちゃん・婆ちゃんによる農業)」と呼ばれる兼業農家が多く,当時の特徴となった。表3-1は兼業農家,とりわけ農業所得が非農業所得よりも少ない第二種兼業農家の急速な増加によって,1970年代には専業農家が10%台になった経過を示している [同上書:291]。本表から専業農家数を算出すると,1950年の308万8千人から,1960年の2,077,551人,1970年の811,984人へと激減している。

表3-1 兼業農家の増加

	総農家数(千人)	専業農家(%)	第1種兼業(%)	第二種兼業(%)
1950	6,176	50.0	28.4	21.6
1955	6,043	34.8	37.6	27.5
1960	6,057	34.3	33.6	32.1
1965	5,665	21.5	36.7	41.8
1970	5,342	15.6	33.7	50.7
1975	4,953	12.4	25.4	62.1
1980	4,661	13.4	21.5	65.1
1985	4,376	14.3	17.7	68.0

出典) 富永健一『日本の近代と社会変動』講談社,1990年,292ページ

　農業機械は労働生産性を飛躍的に高めたことによって兼業を可能にし,また余暇を作り出した。兼業は村外への通勤をともなったし,余暇資源も村外にあったから,これらによって村民の生活空間は拡大した。加えて,テレビは情報を通じて,乗用車は場所の移動を通じて,農家と非農家の混住を作り上げた。今日そのような混住はもはや大都市近郊農村だけに限らず,農村はいわばオープンスペースになった [同上書:293]。

(2) 都市の変容

　1955（昭和30）年高度経済成長の開始期から1973（昭和58）年の第1次石油ショックによる終期のあいだに，高度経済成長がもたらしたものを富永は次のように整理している。すなわち，一つは，高度経済成長によって日本人が大衆的規模で初めて貧困からの脱却を達成した。次に，日本の国際社会に占める位置が著しく向上した。3番目に，高度経済成長の過程において，日本が「史上はじめて自由経済競争を実現するに至った［同上書：228-230］。

　第4の重要な変化は，日本人の価値体系のなかにおける経済の位置付けという観点より見るとき，高度経済成長を契機として経済的価値が政治的価値や社会的－文化的価値よりも上位に躍進したことである。すなわち，戦後の日本人は経済的欲望がとほうもなく肥大しただけでなく，企業および企業家の社会的地位が上がって人材が経済的領域に集中するようになった。1970年代日本人を「エコノミック・アニマル」と呼ぶことが世界的に流行した。経済的利益第一主義の価値は，かつての日本人の伝統的価値と整合的に接合しうるとは思われない日本人の価値基準を変化させたのである［同上書：234］。戦後高度経済成長を経て日本人の価値基準は変化し，経済的利益第一主義の価値が定着してきたというわけである。

　大量生産に基盤をおく大量消費の拡大は，国民各層にわたって広く生活様式の変化をもたらした。大衆化ないしは生活様式の平準化といわれるこの事態は，農村地域に住む者にも都市地域に住む者にも，同様の消費生活の様式を広め，結果として都市的な生活の型を拡散させることになった。都市化の拡大といわれるように，都市的なものに一元化するかたちで農村の生活様式を変化させ，結果において都市と農村との差を，生活様式に関する限り縮小させた。農家生活にとっては従来の半自給的な生活形態から，商品としての消費やサービスに依存する形態への移行を意味していたから，単に衣食住の変化ばかりでなく，所得獲得の形態をも変化させねばならないものとなった。それは，農民の賃労働者化をもたらした［蓮見音彦，1980：54］。

　高度経済成長期以来の日本社会において発生した変動は，漂泊，移動型の生

活者をさげすみと敬仰とが入り混じった対応をとりつつも，ひとつの生き方として受け入れてきた農村社会自体の崩壊を意味していた。新たに形成される近代的都市空間は障害者を含む漂泊社会にどう対峙したのだろうか。

3節　エンターティナーとしての障害者の消滅

　エンターティナーとしての瞽女や見世物は，到来するテレビ文化やレコードなどの新たな音楽メディアの台頭や社会の障害者観の変化などによって，衰退していった。最後の瞽女といわれる小林ハルの半生を追ってみることにしよう。

　赤い木綿の腰巻き2枚，かすりの着物，くし，足袋，手ぬぐい，雨具2丁と薄手の布団，それから三味線，瞽女の旅支度である。ハルは9歳のとき以来巡業の旅に出た［本間：69］。11歳のときの旅回りでは，6月に会津に向かい，4，5カ月の長丁場であった。新潟と福島の県境にある八十里峠は，夏の盛りには病人も出るような苛酷な山道で，8里（1里＝4km）ほどの道のりながら，1日に2里ずつ歩くのがやっとで，道中「助け小屋」に泊めてもらいながら4日がかりで越える。峠越えに先立って親方は，荷担ぎ屋に馬を頼んで荷物を預けたが，修行中のハルは重い荷物を自分で担いでいく。ただでさえ厳しい道にくわえ，6月ともなると暑く汗が流れ，背中と荷物のあいだはぐっしょり濡れる。喉もからからになるが，親方たちは御茶屋で冷たい茶を飲んでも，ハルは「がまんせ」とだけ言い置かれる。川を越えるのも大変だ，板きれを継ぎ合わせたような粗末な橋はところどころ朽ち果てていて，気をつけながら飛び越さねばならない。峠越えのあいだは本当に生きた心地がしなかった［同上書：74-76］。

　村に着くと，まずその日の宿を探す。ハルが「後生だから，一晩泊めておくんなんせ」と宿願いをする。宿が見つかりしだい荷物を下ろすと，お勝手を借りてまず親方と自分の弁当箱を洗い，洗濯したり，家の手伝いをしたり

休むこともない。それから門付けにでる。まだ子どもであるハルがひとりで「ごめんなんしょ」と顔を出すと，どこの家でも「おやまあ，可愛げな瞽女さんだこと」とあたたかく迎えてくれる。小さな子どもが上手に唄うので祝儀をはずんでくれる。親方たちと4人そろって門付けするときは，「ごめんなんしょ，1曲聞いておくんなんせ」と門口を少し開けて家の奥に声をかけ，反応があれば唄いだす。「お前さん方，何人だね」と祝儀の数を家の人は尋ね，「4人でござんす」とハルが答えると椀に4杯米を盛ってハルのもっている袋に入れてくれる。ところによっては米や現金の他，麻糸や綿などをもらえることもあった。会津の旅もせいぜい10月半ばまで，もう半月もすると雪が降るのでその前に紅葉の八十里峠を越えて新潟に戻った。これが最初の会津への巡業の旅であった［同上書：92-93］。

　その他の年は，年始の「春まわりの旅」から始まった。正月が明けて2日ばかりは家でのんびり過ごすが，3日からはもう商売だ。隣村から，ときには米沢あたりまでを「おめでとうございます」と挨拶しながら年始回りの門付けをし，山々の雪が解ける頃になると県境を越えて，会津や米沢までの長旅に出かける。そして秋になるまでそのまま他県で巡業して，10月か11月には地元に戻り，師走になると実家で親方に稽古をつけてもらった。このような生活を親方に弟子入りしてから10年間つづけたが，その親方と縁切りが実現した［同上書：114-116］。

　その後，ハルは16歳のとき，サワの弟子になった。当時，三条組，飯田組，新潟組というように，瞽女は土地によってしきたりや唄の文句の異なる幾組かに分かれていたが，長岡組はそのなかでも「屋敷」を構えるほどの大所帯であった。ハルはその長岡組の屋敷にいき，360人もの瞽女を統率する大親方に許されて，正式にサワの弟子になった［同上書：124］。それから6年目にサワは病死した［同上書：154］。

　その後自ら親方になったハルは，弟子である子どものことを考えて旅先はもっぱら米沢だった。稼ぎがいいのは会津や佐渡であったが，会津は峠越えが一苦労だし，佐渡は船酔いが心配であった。米沢は馴染みの瞽女宿もたく

さんあったし、門付けの祝儀は米よりも真綿や金銭が多く、子どもたちが担ぐにも苦にならない。養蚕のさかんな米沢では昼間、村は女ばかりになる。男たちは畑仕事や炭焼きに山に入り、女たちは家で蚕の飼育をしている。門付けの相手は家にのこった女たちであった。「おや、瞽女さま、お蚕さまに1曲聞かせてくれ。唄をきかせるといい糸をだすから」と、引っぱりだこである。「瞽女は養蚕の守り神」でどこへ行っても歓迎された。米沢の人の気質は陽気でおおらか、気さくな女たちは井戸端会議にもハルたちを引っ張っていって、うわさ話に花を咲かせた［同上書：173-174］。

　10月になると、米沢の旅の終わりに、夏の疲れを落とすために、県境の温泉場に立ち寄った。帰りの途中にある小さな村だが、湯治場としていつでも賑わっていた。他の瞽女たちも大勢来るので、情報交換の場でもあった。宿屋に泊まって1週間ほど過ごした。込み合う温泉場で、宴の席が催されると、あちこちから「瞽女さま、来てくれるか」とお呼びがかかる。「お前の座敷はいくらだ」と宿の人間は聞くが、「唄いもしないうちにそんなことは判らない、花代は客が聞いて決めるものだ」、気に入られれば祝儀はたくさんもらえるし、うまくいかなければ少しばかりになるというわけである。湯につかろうと裸になったときでさえ、宿の主人が呼びに来たりする。それが連日、昼夜を問わずつづくので、息抜きにきたか商売なのか判らないほどであった。客も毎年の顔なじみだ。語り物は1段唄うと、最後まで聞きたがるから、6段もあるものでも客を喜ばせるために1晩でつづけて唄うこともある。1段およそ30分、6段ともなると3時間もかかる。山の湯治場で、ハルは「よく唄ってくれる気持ちよい瞽女」と評判で、毎年寄るたびに皆に大事にされた［同上書：177-179］。

　1950年から10年ほど転々としたが、60年代笹神村出湯温泉に家を借りて瞽女をしたり、ときには按摩をして生計を立てた。後に新発田市の養護老人ホームに入って4年過ごした。1977年、77歳のとき人間国宝となった。同年黒川に新設された盲人専用の養護老人施設に移った［同上書：200-211］。2005年4月永眠した。

1960年代に瞽女を引退することになるが、終生「人によろこばれてこそ生きる価値ある」とエンターテイナーの精神を持ち続けた。60年代はテレビを中心とする新たな娯楽が登場し、農村においても都市と同じ音楽や娯楽が人びとを楽しませるようになり、瞽女たちの役割もなくなっていった。

近代的産業社会の到来とともに、瞽女や見世物といった漂泊の芸能にたいする需要が減じ、滅びていった。戦後のテレビ文化の発展、録音・再生技術の発展によるレコード音楽の興隆により、かつて障害者たちが担っていた芸能、音楽、エンターテイメントの分野は衰退していった。漂泊のエンターティナーとしての障害者は小林ハルや中村久子を最後に姿を消していった。

4節　産業労働と障害者の排除

産業社会における労働とは一体、いかなるものであったのか、なぜそれから障害者は排除されたのかについての考えておかねばならない。近代人の運命としての労働は工場における労働であったが、その特徴は機械に囲まれた、大量生産システムのなかの労働であった。ここで注目するフォードシステムは、19世紀終盤に現れ、1970年代初頭にかけて世界経済のなかでしだいに支配的になっていった［Cohen, 2000=2003, Ⅰ:90］。本節では、(1)で産業労働の特徴についてフォードシステムに着目し、(2)で障害者の労働実態について1950年代、障害者雇用促進法が制定された1960年代、および1970年代について概観する。(3)では、隔離収容型の福祉について言及する。

(1) フォード・システム

典型的な産業労働の現場は、フォードシステムと呼ばれるコンベアー・システムによる大量生産システムである。これは、自動車製造業者ヘンリー・フォードによって提唱され最初自動車生産に適応され、その後あらゆる品物生

産に導入されることになったシステムである。生産する商品の定型化を図り，大量生産することによって安価な商品を提供することによって，需要を喚起しようとした。コンベアー・システムを採用しており，製品を徐行するベルトの上にのせて運搬し，そのベルトを作業台として作業するものである。最初，作業ベルトの末端にのせられた部品は多くの加工がくわえられ，他の流れと合流して新たな流れを形成し，さらに多くの加工を施されつつ商品として完成に向かう。ベルトの最後の末端からは常に一定の間隔をおいて規則正しく完成された製品がでてくるしくみである。このシステムでは，自分が加工すべき製品が流れてくるので，労働者はその場に立ったままで，やりなれたごく一部の作業を間違いなくすればよい。また，ベルトの高さは，労働者の腰の高さで作業ができるように調整されているので，しゃがんだりかがんだりする必要がなく，作業に集中することができる［社会学辞典：781］。

　大規模かつ統合化された企業が，規格化された製品の大量生産をおこなうものであった。

産業労働の性質

　フォードシステムに代表されるような，近代の産業社会が人間に要求した労働とはいかなる性格をもっていたか，機械的生産をおこなう産業労働の現場における労働の特徴について，グードの整理から考えてみよう［Goode, 1977=1982：526-529］。彼によれば，次のようないくつかの点が指摘される。

　一つ目は，仕事に対して「安定した一定のペース」ないしリズムが強いられることになった。伝統的社会においては，労働はリズミカルに行われ，時には歌いながら行われることさえあったが，人びとは自分自身のペースにあわせていた。しばらくのあいだ懸命に働くと休憩をとったり，ペースを変えたり，別の仕事に移ったりすることができた。機械はこうしたことをすべて無視した。事実，現代の産業労働者のあいだでもっとも広範にみられる不満は，自分自身の仕事の型をみずから調整できないという点にある。なぜなら，1日にどれだけの仕事をするかについては，機械によって決められていることだからである。

第2点目は，労働者に「規律」が課せられている点である。すべてのことがらが組織化され，すべてのものごとがきちんと整頓されていなければならない。小さな工作所であれ，大きな工場であれ機械は多様な人間一人ひとりに適応していくことはできない。人間のほうが機械に適応していななければならないのである。労働者は機械の仕事の割り当てにそったかたちで編成される必要があるのである。

　三つめは，機械が有する規則正しさの結果，労働者も仕事もますます「時間志向」となる。労働者は決められた時間に出勤し，仕事をしなければならないのである。人びとは自分たちの好きな時間に仕事場に来たり，帰ったりすることができない。

　グードはさらに2点を上げているが，ここでは以上の3点について考えてみよう。ここに示したような性質をもつ労働に対して，適応し，機械の要求に適応しつつ生産工程に参加しうる人こそが産業労働者ということになるが，身体的あるいは知的な障害を持った人びとにとっては，きつい条件であり，産業労働への参加は困難になる。

　規定のスピードで作業すべき製品が流れてくるベルト，規定の高さの作業台に適応して，きめられた加工作業を果たすことが困難な人びとは，ことごとくこのシステムを備えた工場の労働からは排除されることになる。障害を持つ人びとはいち早く，この機械に従属せねばならない産業労働現場への接近は閉ざされ，近代産業社会から排除されることになっていった。19世紀末に開発されたフォード式大量生産における労働は，日本では高度経済成長期にすべての国民の運命となった。それにともない障害者の労働や自立の可能性は激減した。

(2)　1950－70年代の障害者の就業実態

　敗戦から高度経済成長の時期における障害者の労働に関する状況と議論についてみておこう。

1950年代の就業

1950年代の就業に関する議論の中で,「障害と職業能力」に関していくつかの調査がおこなわれ,論じられている。

当時,身体障害者の一職場における作業能率が,一般従業者のそれに比較して低いという先入観念が雇用主を支配していたのみならず,身体障害者自身も自己の障害を過大視し職業更生能力を過小評価するなどの誤認があり,職業選択にあたっても「どこでも働けるところで働きたい」「なにか社会にでて職業につかなくてはならないから」としてその態度はきわめて受動的で消極的なものが少なくなかった。雇用斡旋にあたって強調されるべきは身体障害ではなく,その才能および労働能力であること,障害者の作業能力を分析し,一般従事者と比較しなければならない。こうした問題意識から,労働省職業安定局雇用安定課の長井謙吾は,昭和28（1953）年,全国の公共職業安定所（職安）をとおして,647事業所で就業している障害程度の重い者3,972人に対し,一般従事者と身体障害者とを対比的に,出勤状況,勤務期間,作業成績の3観点から職業能力の実態を調査した［長井,1955：17-22］。

表3-2 障害者の職業能力

	勤務状況		勤続年月	作業能率	
対象人数	出勤率	遅刻早退率	年月	量	質
一般従事者 384,964	91.06	0.66	4年2月	100.00	100.00
障害者 3,972	91.36	0.60	9年2月	100.60	100.87

出所：長井謙吾「身体障害者の障害と職業能力」『リハビリテーション』No.12, 19ページ

表3-2のいずれの数字をみても障害者の職業能力は一般従事者に比べ優れていることがわかる。身体障害者の作業能力をさらに詳しく検討するために,彼らの職務内容によって作業成績を見たのが表3-3である。この表から,監督的作業に従事する身体障害者の作業能力が著しく高いことがわかる。次に,事務,販売的職業,手作業等の職業,機械操作の職業,機械装置監視の職業,

検査選別の職業に就業する身体障害者は全数の80％近くを占めているが、これらの作業能力は一般従業者となんら差異は見られない。逆に作業能力が劣っていると評価された職業は、包装、運搬、守衛、清掃等であるが、これらに就業しているのは14.5％にすぎない。概してこれらの職業は単純な肉体的・筋肉的作業で技能的な面に乏しいといえる。

表3－3　職業別作業能力

職業区分	人員（％）	作業の量	作業の質
調査対象者総数	3,927（100）	100.60	100.87
事務販売の職業	781（19.9）	101.25	101.58
監督的職業	301（7.7）	113.32	114.15
手作業等の職業	1,203（30.6）	99.46	99.73
機械操作の職業	867（22.1）	101.18	100.42
機械装置監視の職業	73（1.9）	101.23	101.78
検査選別の職業	168（4.3）	99.05	99.70
包装の職業	19（0.5）	95.26	96.84
運搬の職業	210（5.3）	96.86	96.81
守衛、清掃等	347（8.8）	96.14	95.85

出所：同上書，20ページ

　障害者の労働能力に関して、一般健常者となんら遜色ないことが強調されながら、雇用は民間の小企業に限られ大企業や官公庁への就業は微々たるものであった。昭和29年当時の日本の身体障害者数は75万人といわれ、27年から2年間に、そのうち60万人はすでになんらかの職業についており、残る15万人のうち5万3千人が職安に登録した。そのうち職安の紹介によって28,500人あまりが就職した。しかしその就職先は表3－4のようになっていた［中原，1951：42-45］。

表3－4　身体障害者の就職先（1952－54年）

	総数	傷痍軍人	一般障害者
就職者数	26,231	3,685	22,546
民間事業	24,772	3,264	21,508
公務	732	246	488
その他の官公庁	725	175	550

出所：中原利一「職業安定行政における身体障害者の職業更生の現状」『リハビリテーション』No.7，昭和29（1954）年，44ページ

　この時代就業のための職業教育もさかんにおこなわれていたが，その項目は手仕事や技術職人になるためのものであった。先に登場してもらった堺本も印刷の技術の取得をこころざしやがて印刷所を経営することになる。その体験を本人の手記のよって紹介する。

　戦争が激しさを増す昭和18年，東京の中学で教師をしていた兄が買ってきた新聞に，「謄写筆耕通信指導」の文字を見つけ，早速講義録を送ってもらった。それは書道的概念を離れた独特の指導法であったので，これなら自分にできるのではないかと確信を深めた。はじめは原紙，ヤスリもなかったので，ペンや鉛筆等で徹底的に基本練習に努めた。また，どんなに忙しいときでも，メモや日記を書く場合でも一点一画習うつもりで書いた。ノート等へ論語，孟子，十八史略，古文真宝などの漢籍のほとんどを全文写して文字の練習に当てた。これは私の好きな古典への郷愁をかき立てたので，知らず知らずのうちに文字の練習になった。しかし進歩は決して坦々としたものではなく，ある時秘かに絶望の「最後」の手紙，進歩はなく技術取得は無理であり，やめたいという手紙を通信教育の指導者であった先生に送った。これに対して先生は深夜筆を執られて，「必ず技術は役に立つときが来るから，現在の技をさらに少しでものばすように」とのご返事であった。先生がこんなにまで私のことを思ってくださるのかと，この仕事が一年でもできるよう

になるまでは生きて耐えねばならぬと思った。されば先生は私にとって命の恩人でもあった。その後昭和22,3年の頃先生から仕事など斡旋してもいただいたこともあった。謄写印刷の練習も一進一退ではあるがなおつづけ,24年頃からはパイロット（定規文字）も習い,一応マスターした。また絵画製版なども左手を主として使うように努めた。

やがて,昭和26年春,村会議員の選挙のとき,ある候補者のポスターの謄写印刷を依頼された。印刷機は自作で,無絹,鑢(やすり)も1寸半（1寸＝3.03cm）のかなりすり減ったものであった。広面積の白抜きで30枚刷ったらたちまち赤インキがなくなってしまった。今みればまことにお粗末なものであるが,これが反響を呼んでさらに他の候補者からの依頼を受けた。役場の厚生主任がこれをみて,これだけの技術があるのになぜ自立更生しないのかと,自立を勧めてくれた。兄と義姉に協力してもらって「いるまの孔版研究所」を発足させた。しかしはじめの一年間は失敗の連続であった。技術の未熟さと経験の不足のために1枚の原紙を書くのに,書き直し書き直しで3日もかかったこともあった。これより他に自己を生かす道はないと思えば背水の陣を敷く思いであった。やがて仕事も軌道にのってきて,郡外からも注文を受けるようになった。兄が受注その他をやってくれ,私は安んじて技術の改善工夫に専念することができた［堺本,1956：51-52］。

堺本は,ひとりで外出できないがゆえに,いくつかの仕事を断念するなかで,自身発見した印刷技術を身につけるために通信教育と独習で技術を磨き,その後最晩年まで人生のほとんどをその仕事に打ち込んだのであり,生涯にわたって技術者,職人でありつづけた。大規模な機械設備の工場ではなく,自ら努力して身につけた能力により職人仕事で生き続けた人であった。

障害者雇用促進法と雇用

1960（昭和35）年障害者雇用促進法が制定されるが,障害者の就業に関する状況が劇的に改善することはなかった。1960—70年代の障害者の就業実態につ

いてつぎのように概観できる。

　雇用促進法では，民間の事業所は従業員の1.3％の障害者を雇用する努力が要請された。しかし，実際には人手不足に悩んだ小企業が細々と受け入れたにすぎず，中企業以上はほとんど関心を示さなかった。全国心身障害者雇用促進協会が1975年におこなった調査では，事業主の95％は「障害者の雇用促進は福祉実現のための重要な課題である」といい，70％の事業主が「将来，障害者を雇用することを考えている」と，きわめて理解のある回答を寄せている。だが，実際に雇用するかとなると，「障害者向きの仕事がない」「設備が整っていない」と逃げ腰になり，30％の企業は「理由はともかく雇いたくない」と極めて冷たかった［大野，1988：91］。

　障害者雇用促進法が成立した後も，障害者が近代産業セクターで職を得ることの困難さは続いていたのである。

(3)　収容型福祉－障害者排除と隔離型福祉

　本項では収容隔離を旨とする身体障害者福祉の論理と収容実態について整理し，障害者たちが産業社会から排除されていく過程をみる。

　近代的な産業労働が日本における中心的な運命になったのと時を同じくして，障害者に関する福祉法が成立することになった。収容施設型の福祉施策の提案であり，障害者を産業都市のまっただ中から遠く隔たった地に設備も担当者も整った施設をつくり，そこに収容するという方針であった。それは，いわば産業社会，産業労働の現場から隔離して，障害者から労働機会を剥奪する機能を果たすことになった。

　障害者福祉にかかわる法律やその施策について概観すると，産業労働から排除を余儀なくされた障害者たちが，福祉の名のもとに障害者収容施設に収容されていくすがたが見えてくる。主な障害者福祉関連法としては，昭和24年制定の身体障害者福祉法，翌昭和25年の精神衛生法（精神保健及び精神障害者福祉に関する法律），昭和35年には先に述べた身体障害者雇用促進法（障害者の雇用の促進等に関する法律）と精神薄弱者福祉法（知的障害者福祉法）などがあ

る。

　身体障害者福祉法の「(5)身体障害者更生援護施設」の項には，肢体不自由者更生施設（第29条），失明者更生施設（第30条），ろうあ者更生施設（第30条の2），内部障害者更生施設（第30条の3），身体障害者療護施設（第30条の4），身体障害者授産施設（第31条）などの施設に関する規定があった。このうち第29・30条関係の5種類の施設を規定する条文は，「・・・は，収容し，又は通所させて，その更生に必要な治療及び訓練を行う施設とする」という表現になっており，一般的に通所施設あるいは収容施設というように区別していた。ここに表れていた考え方は，障害者を更生に向けて治療，訓練するために収容する施設であるということであり，更生の可能性がなければ収容しつづけることを意味していた。福祉は産業社会を補完する社会制度であり，現に産業労働に参加できない障害者を治療，訓練して更生させ，すなわち社会経済的活動ができるようにすることが福祉の役割であり，更生する能力がないあいだは福祉施設に収容するという見方であった。更生できないもの，すなわち産業社会の足手まといになるものは収容施設へ収容し，隔離することになるわけである。産業労働に適した健常者だけの，効率のよい社会形成のために福祉施設は意味を持ったのである。

　その後，この条文は改正され，現行法においては，第3章事業及び施設の章は，身体障害者更生施設（第29条），身体障害者療護施設（第30条），身体障害者福祉ホーム（第30条の2），身体障害者授産施設（第31条），身体障害者福祉センター（第31条の2）などで構成されており，条文にも「収容」の語は消え「入所」という語に代わっている。1980年以降法律的な場面でも障害者に対する考え方が変化したことが分かる。背景には，障害者の人権やノーマライゼーションの思想があったと考えられる。

　このように福祉の名の下に，隔離収容されていく障害者の扱われ方があったことが見てとれる。障害者は自立する存在ではなく，庇護され収容され，強い産業労働者たちの居住地や労働現場から隔離される存在となっていった。

5節　地域社会から排除される障害者

(1) ニュータウンにおける障害者施設排除運動

　現実には障害者たちがどのようにみられ，扱われたかについて事例研究をすすめよう。
　現代は家族内や学校においてさえ，いじめや虐待など激しい暴力をともなった排除の行為が吹き出している。なぜ，このようないじめや排除が発生するのか，上述の排除のメカニズムを念頭におきながら考えることにしよう。ここで取り上げる事例は，ニュータウン地域で発生した障害者施設建設反対運動を題材とする。高度経済成長期以降出現した最も近代的な都市居住空間であるニュータウンの住民たちが，障害者をどう見て，どう扱ったかを概観し，現代都市における障害者排除の構造について考察する。ここでは赤坂憲雄著『排除の現象学』を参考にしながら話を進めよう［赤坂，1995］。

ニュータウンにおける障害者施設建設反対運動
　埼玉県H村のHニュータウンに隣接する国有林に，当時東日本でははじめてという自閉症者施設を建設する計画がすすめられていた。18歳以上の自閉症者を主に受け入れ，療育・自立訓練を行うことを目的とする施設であり，自閉症児を持つ親たち（自閉症児親の会）の10年越しの運動の成果として実をむすぼうとしていた。折しも国際障害者年を謳われた1981年のことである。着工寸前になって，建設予定地のそばのHニュータウンの一部住民のなかから強い反対運動が起こる。そのため前後3回にわたって自閉症児親の会や専門医らとニュータウン住民のあいだで，自治会主催の説明会がひらかれたが，ついに自閉症者施設を受け入れるかいなかの決着を住民投票でつけることになった。こうした異例の事態に，県知事や村当局が仲介にのりだし，代替え地をニュータウンから離れた地区に探す方向へ動く。福祉施設の建設をめぐって住民投票に

決定がゆだねられるといった前代未聞の事態はかろうじて回避された。しかし，村長の斡旋した代替え地は立地条件などの面で施設建設に適さないことが分かり，結局建設の計画そのものが宙に浮いたかたちになってしまった［同上書，177-178］。

排除の構造

　70年代にはありふれた光景であったゴミ焼却場の建設に反対する住民運動があった。そこに表出された汚いもの・臭いものとしてのゴミにむけた嫌悪の意識は，私たちの日常の感性からさほどかけ離れたものではない。戦後数十年をへて，汚物や異臭を放つものなどは生活の表層から一掃され，無色無臭の，かぎりなく清潔な場所に暮らしているという否定しがたい現実にとっては，たとえ身から出たゴミであれ，できるなら遠ざけて置きたいというのは，むしろ自然感情に属する。80年代にはいると，地域エゴイズムの矛先はあきらかに変質ないし拡大の様相を呈しはじめる。ゴミ焼却場から，自閉症者施設・福祉作業所・心身障害者相談センター・養護施設などへと，排斥の対象は広がってゆく。ともに，異物に向けた忌避感に根ざしている。自閉症者・精薄者・精神病者といった，排除されつつもなお人間のカテゴリーから逐われてはいなかったはずの人びと＝異人たちが，そこでは疑いもなく，消却されるべきゴミと等価なもの・場所に逐いやられた［同上書，179-180］。

　ここに通底する主題を異人論のコンテキストからいえば，第1に，近代市民社会が隠蔽してきた排除の構造が社会の表層に露出しはじめていることであり，第2に，排除の構造が精神医学と密接に関連していることである。さらに第3には，居住空間にどのようなかたちで排除の構造が組み込まれているか，という問題をあげることができる［同上書，181］。

　異質なるものと遭遇したときの対応の形式によって，あらゆる社会を「異物吸収型」と「異物嘔吐型」とに分類できる。たとえば，精神病者の処遇を例とすれば，かれらを共同体の内部から排斥せず，常人から分けられた聖なるものとして包摂している社会（吸収型）と，彼らとの接触を忌み恐れるがゆえに共

同体から疎外し,収集施設に隔離しておくことをえらぶ社会(嘔吐型)とに分類される。概して,西欧近代は嘔吐型に属する。ところが,近代市民社会はその理念のうえで,自由・平等・博愛といった吸収型社会への志向を導入したために,吸収型であろうとする社会倫理(例えば福祉の思想)が,現実生活を支配する効率至上主義によってたえず裏切られ減殺される,特殊な嘔吐型社会,それが近代ないし現代であろう。ニュータウンの住民たちが,自閉症者という名の異人に向けた敵視と排斥の態度に,まず眼を惹きつけられる。そのひどく硬直した反応は,ニュータウンなる歴史の浅い居住空間の嘔吐型としての性格が予想される[同上書,182-183]。

ニュータウンという同質的居住空間

　ニュータウンとはなにか。いかにも現代的な居住空間には,どのようなかたちで排除の構造が埋め込まれているのか。Hニュータウンの住民の多数,ほぼ7割が東京駅や有楽町周辺などの都心部への通勤族である。H村の領域内にあるにもかかわらず,村との交流が無いに等しいニュータウンが遠く隔たった都会とは日常的に交流を結んでいるという,逆説的な光景がある。あるいは,ニューメディアの利用によって,デパートの売場機能を無人装置にかえた画期的システムが完備され,いながらにして都内のデパートのショッピングが楽しめるという広告の一節がある。ここでも,ニュータウンは都会に直結しているのである。実際,この孤島には,役所・駐在所・郵便局などのミニチュアのような出張所があり,銀行・医療施設・学校・図書館から,公園・大手スーパー・商店街・タウン専用放送局まで,ひととおり都市機能はそろっている。ニュータウンとは村に移植された小さな都市に他ならない。ニュータウンはまた,都市であって都市ではない奇妙な場所である。都市は本来,さまざまな混沌をいれる器として周辺地域にひらかれた,吸収性の高い場所であった。移植された都市＝ニュータウンは,旧来の村に鋭く異和空間として対峙しながら,混沌を入れる器という都市の本質にかかわる性格をまったく欠落させている。混沌をかぎりなく排除した嘔吐型都市空間という二律背反的な地点にニュータ

ウンは位置していた［同上書，185-186］。

　Hニュータウンは都心への通勤圏の最北端という意味で，「北限の団地」と呼ばれる。東京都心まで約50キロ，団地住民の7割を占める都心への通勤者は，朝夕の通勤に1時間半から2時間ほど要する。80年代はじめ1,450戸，約5,400人が住む。40歳前後の中堅サラリーマンを主たる世帯主とするマイホームは，分譲価格2,700万円，敷地面積200平方メートル，床面積100平方メートルの4LDK1戸建てを平均とする。高い生け垣に囲まれ，南側に広い庭を持つ1戸建ての家屋が整然と並ぶ団地内には，商店街や公共施設・公園・緑道などが綿密な計画のもとに配され，緑豊かで閑静な「成城学園のような風格の街並み」を形作っている。この人口の街からは，アンテナ・広告看板・ブロック塀・電柱など，ほとんど都市の街路をその個性化させている，一切の混沌とした夾雑物が取り除かれている。ニュータウンが，「いま東京でもっとも美しい街」という宣伝コピーを裏切らない，隅々まで管理しつくされた街であることを象徴している［同上書，186-188］。

　Hニュータウンを構成する千数百の核家族は，きわめて似かよった相貌をおびている。分譲価格2,700万円にふさわしい経済水準の家族，ここにはそれ以上でも以下でもない家族だけが蝟集している。羨望の対象となる金持ちもいなければ，優越感をそそられる貧乏人もいない。2時間近く要する通勤という男たちの苦痛を代償として，ようやく庭付き1戸建てマイホームをという夢を手に入れた家族たち。重い住宅ローンを背負っていることにおいても，それらの家族たちの境涯は酷似している。そこはあらゆる意味で，多様性つまり混沌を排除した均質的空間である。ニュータウンを流れる時間もまた均質化されている。時間帯による構成メンバーをみればあきらかである。働き盛りのサラリーマンたる男たちは早朝家を出ると，深夜に乗り合いタクシーで帰宅するまで，ニュータウンには不在である。1日の大半の時間，ニュータウンに残された主婦と子どもたちだけで構成される。時間帯により細分化された24時間は，ほぼ同質の性層・年齢層の人びとによって担われている。真にニュータウンを構成するのは，主婦と子どもたちである。男たちはただ寝に帰るだけの中途半端な

構成メンバーであり、まさにベッド・タウンである。

全国で発生する施設建設反対運動

　1980年代に全国の各所で同じような障害者施設建設反対運動が展開されていた。北海道札幌における、自閉症者施設の建設が難航した例。隣接する新興住宅地の住民のなかから、激しい反対運動がおこった。反対住民が工事現場入り口で資材搬入を阻止する行動に出たのにたいし、学園側は妨害禁止の仮処分を申請するなど、ドロ沼化して法廷にまでもちこまれた。和解が成立し、住民側が施設を受け入れるかたちで決着がついた。

　知恵遅れの若者たちの職業・生活訓練の場である福祉作業所の建設が、周辺住民の阻止運動のために途絶状態に追い込まれたケース。反対同盟（約100名、代表者なし）の連絡員役の老人は、こう語った。「彼らは常人より怒り方も激しく、性への関心も強いんじゃないか。そんな集団に、一人で出会ったら気味が悪い。遠くないところに成人病院が二つもあり、同様の施設はもうご免というのがみんなの考え」。子どもや女性との不測のトラブル・良好な住宅環境の破壊、などが主な反対理由にあげられている。なぜ、「代表者なし」なのか、それが匿名性のしたに隠れた全員一致の意志の表現である。

　同様の福祉作業所の建設をめぐって、作業所に反対する地元自治会と行政側との争いが裁判に持ち込まれ、反対住民からは「予定地以外に建設するなら1千万円寄付する」など異例な提案がなされた（東京都）。あるいは、県立精神科救急センター建設の計画が候補地を検討している段階で、ほとんどパニック状態にひとしい住民側の反対運動のために、建設を断念させられた（千葉県）。これらは1980年代なかばの日本においては広範な範囲にわたって発生した社会現象であった。

　同質化したコミュニティは異質な存在である障害者たちを受け入れることを拒否し、隣接地域からその施設をも排除したのである。

　本章では、日本が近代産業社会へ変貌するなかで、かつては芸能、音楽、エ

ンターテイメントを担う漂泊者として自立的に生きる可能性があった障害者たちが，その生きるすべを失っていく姿を描いてきた。自立的に生きることができなくなった人びとは，庇護されるべき弱者として福祉の対象となり，さらに新たに出現した都市社会からは排除され隔離される存在へと変化していった。生活，たつきとしての漂泊，旅も彼らとは無縁になったばかりではなく，近代産業労働にも参加できず，日々の移動にも不便を感ずる存在になっていったのである。この点に関しては，さらに次の章で見ていくことにする。

第4章　産業社会の労働と余暇

　前章では，戦後産業社会が成立するなかで農村および都市において障害者が住みにくくなり，自立困難な状況が成立してきたことを見てきた。本章では，近代産業社会における労働と余暇に着目して，産業社会における障害者の位置付けについて考察する。そして，余暇活動として成立してくる旅行における，障害者の位置づけについて論ずる。
　1節では，西欧社会における近代的労働観の成立について今村仁司にそって整理し，2節では，日本における労働観について，3節では明治以来の国民＝兵士あるいは産業労働者養成目標について考え，4節では産業社会における余暇について考察する。

1節　近代の労働観の成立とその内容

　今村はヨーロッパにおいて近代産業社会の基礎ともいえる労働観を，それ以前すなわち中世の社会とはまったく異なるものとして成立してくる過程として整理している。それによれば，労働社会としての近代の成立とともに，余暇や無為はその価値を格下げされ，無為は怠惰とみなされるようになった。文明の価値基準が根本から変動し，余暇から多忙へ，無為から勤勉へ社会の精神的軸心が移動したのである。19世紀は科学者，技術者，職人的生産者，農民，芸術家などの産業者の時代となり，多忙と勤勉の時代が到来した。ブルジョワ（企業家）も労働者も同じ勤勉倫理を共有するようになり，労働者に味方するイデオローグも，労働者の勤勉を価値的に持ち上げ，労働のなかに人間的なものがあり，労働の本質は人間の本質であると宣伝するようになった。人間的になる

には労働する権利を獲得することだということになり，多忙と勤勉は全面的に勝利したのである［今村，1998：162-164］。

「働かざるもの喰うべからず」の世界ができあがったのであり，その中で身体的に近代工場労働に適さない人びとは社会のお荷物，厄介者となっていった。こうした一連の労働と余暇の構造のなかで，労働者として一人前の働きができない存在として位置づけられた障害者は労働から排除されたばかりでなく，余暇活動，旅行からも排除されることになったのである。

(1) 監禁と労働身体の形成

こうした労働観がどのように形成されてきたかについて，今村の説明にそって整理する。近代の社会は，ヨーロッパに生まれたものであり，その労働観もまたヨーロッパにおける形成過程の研究が役に立つ。

近代は何よりも都市の現象である。農村から都市に流入してきた人びとは，そのままではとうてい労働者ではない。農村から逃げてきた民衆は職業を求めて都市に出てきたのだが，そのままでは都市的経済が要求する身体行動をおこなうことはできなかったのである。つまり，都市に登場した民衆の具体的な姿は浮浪者または乞食であり，これら浮浪者対策が国家の課題になった。新たなる都市においては，貧乏であること，貧民であることは罪であった。国家の観点から見れば，それは一つの犯罪可能性があり，浮浪者や乞食という形を取る貧民は，特定の場所に収容されねばならなかった。すなわち，社会の安全・セキュリティーの観点から，道徳的罪と犯罪の可能性を防止するための収容所として施設が作られた。そこでは，労働を強制するが，労働は仕事を与えると同時に，教育手段であると考えられていた。貧民や乞食は道徳的な退廃とみられていたから，道徳的な「再教育」になり，労働の厳しさを学ぶなかで労働のエトスが注入されていくのである［同上書：28-29］。そこでは，寝たきりの病人と完全に無能力の人びとを除けば，働かない貧民はひとりもいない。老人・身体障害者・麻痺した者でも労働が強制された［同上書：33］。

放浪貧民の監禁は，宗教的愛徳（慈悲）の意図と過酷な労働強制との複合で

もあった。監禁制度，すなわち救貧院や一般施療院は，君主制と市民階級（ブルジョワジー）が共同してつくったものであった。王権は宗教イデオロギーの観点から貧民の「救済」を意図するが，ブルジョワたちは監禁された貧民に対して「労働」を強制した。「当時フランスで組織化されつつあった君主的でブルジョア的な秩序の権力機構の一つである［Foucault, 1972=1975: 70］。これらは17世紀に登場した。統治者たちは貧しい民衆を二つのカテゴリーに分類した。すなわち，「貧しい人びと（ポーヴル）」と「人間の屑（ミゼラブル）」である。ポーヴルは社会的規範と生産体制にとって「受け入れ可能な」人びとであり，反対にミゼラブルはどうにも規範になじまず，生産体制を攪乱する存在であって，政治的にも経済的にも，宗教的にも異物である。監禁制度あるいは救済労働収容所の本来の対象は貧しい人びと一般ではなく，ミゼラブルであった［今村：38］。収容されるべきミゼラブルの特徴は何よりも「怠惰」として表象された［同上書：40］。

　労働が人間存在の欠陥の治療と再教育の手段になるという共通の考えは，17世紀だけではなく，18・19世紀を経て20世紀にまで貫く太い線になっていった［同上書：42］。

(2) 禁欲的労働

　近代以前の久しい間，貧困は宗教的な価値を持っていた。すなわち貧しいことは，それ自体魂を救う機会であるとされてきたのである。富めるものが天国にはいるのは駱駝が針の穴を通るより困難であるといわれていたし，豊かな人びとは貧しい人びとに慈善をおこない「愛徳」のしるしを示すことで救霊の機会を得て，貧しい人びとはその貧しさゆえに，魂は救済されるとみなされていた。しかし，貧困の宗教的価値は17世紀前半あたりで転換を見せ，貧困は悪と罪の領域に移された。ポーヴルとミゼラブルに2分された貧困は，やがて悪・罪の方に移動させられていった［同上書：44］。貧困であることがもっていた宗教的価値は，まったく逆の罪の領域におとしめられたのである。

　救済制度は，怠惰な人間の屑だと非難される民衆を収容所に監禁するが，そ

れは行政的,教育的な処遇であり,人間を無為と怠惰から「解放する」ことを目標としていた。いいかえれば,市民経済に照応する労働の身体形成が目指されていたのである［同上書：46］。このような監禁をとおして形成されたのは,近代産業労働に適合する労働身体であり,ブルジョアジーの要求に適合する労働観を持つ労働者であった。

　近代的労働は禁欲主義的労働であるといわれる。資本主義的産業社会の二つの主な存在はブルジョアジーと労働者ということになるが,その双方に対して近代労働観は養成されなければならなかった。そのため,産業的身体へ変換するには二つの道があった。一つはM.ヴェーバーが明らかにした,プロテスタンティズムの宗教倫理すなわち現世内禁欲倫理が生産者の内面的心性と結合し,内部から人間の心性を変革し,合理的経営の心性に変換させた。そこに,ブルジョワ階級において自己規制的・自己訓練的職業労働観が成立した。もう一つは下層労働者たちに関わるもので,民衆の労働心性の近代化である。つまり,産業経済に適合する変換過程がなくてはならない。そのためにブルジョワの管理下で労働する民衆は禁欲を強制されたのである。強制的禁欲政策と救貧院制度は,民衆のなかに強制的に禁欲倫理を外部から注入するものであった［同上書：51-52］。

(3) 労働の喜び論

　他方,収容監禁された労働者側の近代的労働観の受容とさらに,「労働の喜び」論の受け入れの過程は次のように論じられている。監禁というような激しい過程を経て,近代的な都市社会に形成されたのは「労働＝喜び」という労働観であった。

　フーコーが示したとおり,収容され,そのなかにおける生活を通して強制された労働は次第に喜びに変わっていく［Foucault, 1975: 238-239］。「労働の喜び」論は,社会の統治者と管理者の強制労働政策のなかで,イデオロギー的に産出されたのであるが,19世紀には強制労働を批判して,労働の喜びだけを抜き出し,それを労働の本質とする別種のイデオロギーが生まれた。強制労働が

作り出した「労働の喜び」論，あるいは禁欲主義倫理と労働の喜び論の内面的結合は，「労働は本来的に喜びが内在するのだ」という強い幻想的思いこみを社会と文化のなかに浸透させていった。人間にとって労働はなくてはならない土台であり，労働のなかに人間の本分があるとする考え方は20世紀まで持ち込まれた。19世紀，労働は人間が生きていくうえに「必要である」という機能面での重要性だけではなく，労働が人間であることにとって本質的であるという考えは，特にフランス革命以後ますます定着していき，ついには自明の事実として扱われるようになった［今村：55-58］。

若きマルクスにとって，「労働，生命活動，生物的生活」は同一である。「それゆえ人間は，まさに対象的世界の加工において，はじめは現実的にひとつの類的存在として確証されることになった［Marx, 1964: 97］。19世紀に確立された「人間の本質としての労働」論は20世紀では，再び「労働の喜び」論として新しい展開をみることになる［今村：64］。

以上はヨーロッパにおける近代的労働観の成立の過程の概観である。労働に参加できないもの，その能力がないと判断されたものは，労働から排除され，人間の本質的活動である労働に参加できない人びとは，その喜びを知らないばかりでなく，人間的存在でもないということになる。

2節　日本における職業観

次に日本における労働観についてみておく必要がある。「奉仕」という概念に着目して整理する。

(1) 奉仕

日本における職業観の変遷についてみておくには，尾高邦雄の整理が役に立つ。彼は，日本における職業は「奉仕」であり，戦後その観念が喪失したと論じている。［尾高，1970：第六章］。

封建時代における奉仕は，家臣として君主や君主の家族に仕えること，奉公人として主人やその家族に仕えることであった。それは，自己犠牲であり，同時に安住の道でもあった。封建時代には，職業は職分であり，職業道徳は分限道徳であったのである。

　明治維新がきて職業身分制度は廃止され，職業の自由が確立した。各人はそれぞれ自分の個性に応じて職業をえらび，職業を通じて個性を発揮することができた。実際にはけっして容易なことではなかったが，制度のうえではそれが可能になった。この個性の解放は，同時に「公」の意味の拡大をともなうはずであった。すなわち，「公」は特定の主人の家族から国家社会全体にまで拡大されるべきはずであった。しかし，明治維新は国民的自覚が熟していなかったがゆえに，職業活動は新しい意味の奉仕活動としてはあらわれず，逆に勝手気ままな自己本位の活動としてあらわれた。

　戦争時代に突入し，国民の全能力をあげての戦争であったから，国民の職業活動のすべてにわたって強力な統制が必要となった。職業観および労働観の変革が企てられ，「職域奉公」が強要されることになった。一方，個性没却的な分限思想は温存され，それが職業の配分制度と結びつけられ強調された。

　戦争中には，職業は「奉仕」であった。職業は「公（おおやけ）」にたいする奉仕であり，職業活動を通じての滅私奉公がそこでは要求されていた。このばあいの「公」は国家であり，あるいはむしろ「天皇」であった。同じような考え方は，「皇国勤労観」にも典型的に示されていた。この官製の労働モラルは，太平洋戦争の少しまえにあらわれ，戦争の末期に向かうほど強調された。その要点は，勤労は「皇国民の奉仕活動」であり，奉仕であるがゆえに，国民に課せられた義務であるが，この義務は「聖戦」という光輝ある大事業に参画する意味で国民の栄誉であり，国民の歓喜となるものである，というものであった。個人本位の立場は国家本位の立場に切り替えられ，私的欲望の達成手段は「公」に奉仕する道となった。しかしこのようなお説教がもたらした効果は，期待したものとは逆であった。すなわち，国民はますます自己本位となり，非協力的となった。各職場でなまけるもの，要領をつかうものはは多くなり，

仕事の能率は上がらず，しかも無責任なやっつけ仕事は多くなり，職場の規律は乱れ，ヤミ稼ぎのための長期欠勤や逃亡すら普通のこととなった。

敗戦後，人びとはきわめて単純に，また率直に勤労を動物的自己保存の手段として，生活のためによぎなくされた労苦として考えている。奉仕の対象というものが見失われてしまった。負けて「四等国」になりさがった国家も，「人間になられた」天皇も，もはや奉仕するに価する対象ではなくなった。日本における奉仕観念の一般的喪失である。

職業というものは，普通には一つの手段と考えられている。食うための手段，儲けるための手段，立身出世のための踏み台というわけである。要するに，奉仕する対象を失い，分限思想も失った日本人の労働は，各人の私的欲望を満たすための手段とのみ考えられるようになっていった。

(2) 日本的経営と労働観

その後の日本の職業倫理，労働観について日本的経営論からみておこう。日本的経営と呼ばれる経営の方式は，企業への社員の所属と忠誠心を強化し，男たちを企業戦士として企業，自社のための労働に励むような態勢を作りあげてきた。再び尾高邦雄にそって整理する［尾高，1984］。

企業に働く日本人は，いまもむかしも結局は自分の利益や必要のために会社に雇われている。彼らが会社のために進んで働くのは，これによって自身の必要が満たされ，かつそれにともなう苦痛や犠牲があまり大きくない場合にかぎられる。会社のなかで課せられる業務が何ら主体性を与えられることなく，細分化され，機械化され，さらに自動化された業務であり，また巨大組織のなかで従事される単純な拘束労働だったならば，いかに勤勉な日本人でも，やがて働く熱意は衰え，会社への定着性もしだいに低下してくるだろう。こうした事態にたいする日本の経営者の対応策は，人的構造物である近代企業をかつて栄えた運命共同体になぞらえてとらえ，これに運命共同体の人間管理の諸原則をモデルにしてつくられた集団主義経営の慣行を導入することによって，それの利益社会（ゲゼルシャフト）的状況を抑え，できるだけこれを共同社会（ゲマ

インシャフト）的状況に接近させるというものであった。この対応策は成功をおさめ，集団主義経営慣行を導入した企業では，従業員の会社忠誠心と相互融和協力の精神は高まり，会社の仕事にたいする誇りとやりがいの意識は呼び起こされ，企業定着性も増大した［尾高，1984：62-64］。

その結果，仕事にのみ生き甲斐を見出すばかりで，その業務成績向上のために，戦士として働きつづけることになった。男たちはエコノミックアニマルと呼ばれた。このような労働観のなかでは，効率第一であり，障害者は現場から排除されることになった。

3節　国家の教育目的としての兵士・産業労働者形成

上に述べた労働観は，明治以来進められてきた教育によって流布され，受け入れられてきた。明治期から敗戦までは，国民を良き兵士・軍人に育て，戦後は良き産業労働者にすることを目的としてきた日本の教育の果たした役割は大きい。

(1) 教育勅語と兵士教育

明治から戦前までの日本における教育は，1890（明治23）年に発布された教育勅語に現れた精神によってリードされてきた。これは，井上 毅・元田永孚らによって起草されたもので，儒教的な家族主義を基礎に，「忠君愛国」「忠孝一致」を教育の基本として強調していた。これによって，天皇は単に政治的支柱であるばかりでなく，国民の道徳的・思想的中心とされた。大日本帝国憲法において，政治的な絶対者となった天皇は，教育勅語においては，道徳的にも絶対だということになった［佐藤順一：153］。

これら明治期の教育の状況について永井道雄の整理に注目してみよう。1872（明治5）年学事奨励に関する被仰出書は，実用性と独立を強調し，それから20年たらずをへて発布された教育勅語は，「国体の精華」として，儒教的な思

想を説いた。それ以後の日本の教育は，結局において国家の繁栄のための実学を根幹とするものとなった。富国強兵というのは，殖産興業と軍備によって国家の独立をはかる考えであるが，教育はこの第一義的目的を達成する手段とみなされた。世界を驚かすほどの速度で，普通教育が普及したが，そこで教えられたことは読み書き算盤の実学と，忠良な臣民としての倫理であった［永井：223］。

日本人は天皇に対して忠をつくす臣民，すなわちよき兵士として，また国を繁栄させる労働力として近代的な基礎知識を持つべく教育されたのである。教育勅語の一節に「・・・臣民克ク忠ニ克ク孝ニ億兆心ヲ一ニシテ・・・一旦緩急アレハ義勇公ニ奉シ以テ天壌無窮ノ皇運ヲ扶翼スヘシ・・・・」とあり，いざというときには天皇のため，国のために戦う覚悟が要求されていた。人びとは天皇の臣民であり，日本帝国軍の兵士として育てられることが要求されていた。

(2) 産業労働者養成を求める中教審答申

戦後，高度経済成長期の教育は，戦争放棄を謳う憲法のもとで，兵士養成教育から産業労働者養成のための教育へと移行した。それは，産業界からの要請をうけて教育方針が形成されていった。

1951（昭和26）年，産業教育振興法（産振法）が制定されたが，これは「産業教育の振興に関する総合計画の樹立」をはかるための法律で，これが審議される過程で実業界からの要請が影響をしたといわれる。その審議過程で，参議院文部委員会公聴会で実業界代表が次のような意見を述べている。「・・・私ども，いわゆる実業界が一番望んでいる学校卒業生に対する希望，どういう人を希望するかといえば，重工業，軽工業といった産業部門の区別なく，とにかく実際仕事にあたってよくものが分かっていて，本当にその事業の中堅となりうる人，いわゆる産業の中堅層を望んでいます」「日本人全体が産業的な人間，仕事のできる人間というようになっていくことを希望する」。また，1954年，日経連が発表した「当面の教育制度改善に関する要望」のなかに，「小・中学

校における勤労尊重の気風育成，社会生活上必要とする訓練あるいは躾などの徳育はより強調されるべきである」とする，資本の論理よりする労働力の質に対する要求が現れている［小山，1971：284］。こうした産業界の要請に応じるために，中央教育審議会（中教審）が発足した［同上書：274］。

1966年，答申された「後期中等教育の拡充整備について」は，15—18歳の後期中等教育段階にあたる青少年のすべてに教育機会を提供するという多様化政策の具体化であった。この答申には，別記として「期待される人間像」がつけられていた。そこでは，資本主義的な産業労働が人間疎外を必然的に産むことを認めたうえで，その危機感を仕事と家庭とを区別してとらえることにより，個人の生き甲斐論に解消するねらいがあった［同上書：284］。当時の教育をリードした中教審答申についてその内容を整理する。

答申はいう。技術の進歩は「労働者各人が自分のペースで，ある程度自由に作業を行うのではなく，機械のペースにあてはめて作業をせざるをえなくなる」が，「いかにしてこのような技術的進歩のなかで人間の自己疎外問題を解決していくかが重要な問題」であり，つまるところ，「職業と職業外生活とをはっきり区分する考え方を徹底する必要」がある。「職場においては，工業化が要請する厳しい規律のなかで，一定の労働時間に集中的にみずからの職業能力を発揮」し，「一旦職場を離れれば，職場において偏って発揮されていた人間の全能力のバランスの回復と，休息を通じて生活の完結を求めなければならない」という［同上書：283］。

中教審答申の別記「期待される人間像（昭和41年）」に現れた内容を整理しておこう［横浜国立大学，1971］。これは，まえがきにつづいて二つの部分からなっている。第1部当面する日本人の課題，第2部日本人に期待されるもの，である。第1部は日本のおかれている現状と，そこから要請される点について書かれている。それによれば，現代文明の特色は自然科学の勃興である。それが人類に多くの恩恵を与えたことはいうまでもないが，他方人間が機械化され手段化される危機を生ずることもある。今日は技術革新の時代であり，日本人はこのような時代にふさわしく，自己能力を開発しなければならない。すなわ

ち，人間性の向上と人間能力の開発が要請される第1の点である。第2の要請は，国際情勢の中で，世界に開かれた日本人であることである。第3の要請は，民主主義の確立である。

このような現状認識と要請される事項のうえに，第2部は，第1章個人として，第2章家庭人として，第3章社会人として，第4章国民として，それぞれ期待される姿が描かれている。家庭人としては，①家庭を愛の場とすること，②家庭をいこいの場とすること，③家庭を教育の場とすること，④開かれた家庭とすること，が述べられている。このうち，②では，家庭が明るく，清く，かつ楽しいいこいの場であることによって，われわれの活力は日々新たになり，それによって社会や国家の生産力も高まるであろう，としている。

第3章社会人としてでは，第1に仕事に打ち込むことをあげて，仕事の大切を述べている。ここに表出したものは，産業労働に励み，家庭生活では労働での疲れを癒して，活力を再生することを期待している。教育により，よき産業労働者形成をめざしている。近代の産業労働が人間疎外をもたらすことは，国も認識しているが，その労働を改善したり，あるいは放棄することは考えることはなく，疎外感を癒すために家庭や余暇活動を強調することによって，国民がさらに労働者として生きることを要求したのである。

明治から戦前にかけては日本人はよき兵士になることが求められ，戦後は機械化された工場生産にめげない労働者であることが要求されたのである。このいずれもが，障害を持つ人びとにとっては困難な課題といわざるをえなかったのであり，実際には社会や産業からの排除を意味していた。障害を持つ人たち自らの自立的生活のための道は閉ざされていった。

4節　産業労働を補完する余暇

労働から排除された人びとはまた，産業社会のなかで注目され，活発化する

レジャーや余暇活動からも排除されることになった。ここでは，余暇＝レジャーについて論じ，障害者との関係について考察する。レジャー論の先駆者であるヴェブレンの業績，およびピーパーの余暇論を紹介し，そのうえで1960—70年代に，日本において注目され始めた余暇活動について尾高の議論を提示しよう。その中で障害者の状況に注目する。

(1) ヴェブレンのレジャークラス論

　ヴェブレンは，その著『有閑階級の理論』において，19世紀末のアメリカの都市文化を彩るファッション，スポーツ，あるいは熱烈な宗教心を分析，考察するなかで，レジャーあるいはレジャークラスがどのように形成され，いかなる特徴を持っているかについて論じた［Veblen1899=1998］。

　有閑階級という制度がその最高の発展を遂げているのは，たとえば封建時代のヨーロッパや日本のように，野蛮時代の文化が高度化した段階においてであった。上流階級は，慣習によって産業的な職業から免除されたり排除されており，名誉をともなう一定の職業が約束されている。どのような封建社会でも最も尊敬される仕事の筆頭は戦闘であり，そのつぎに聖職者の仕事がつづく［同上書：11］。そこでは，肉体的労働，生活の糧を入手するという日常的な仕事に直接結びつくことはすべて，下層階級の職業となる。有閑階級の職業は統治，戦闘，宗教的職務，およびスポーツであり，この4系統の活動が上流階級の生活のを支配している［同上書：12-13］。産業的な職業の基礎である「勤労」というのは，作り手の創造的な力によって，受動的な素材から一定の目的にかなう新しいものを作り出す努力であるが，他方「英雄的行為」とは，他の主体によって異なる目的に向けられていたエネルギーを彼自身の目的に転換することである［同上書：23］。有閑階級とは「勤労」から解放され，「英雄的な行為」を旨とする生活をおくる人びとである。産業的な職業と非産業的な職業との区別は，英雄的行為と退屈な仕事の間でなされた野蛮時代の区分がかたちを変えて現れたものである。

　人の尊敬を勝ちとり保持するためには，たんに富や力を所有しているだけで

は十分ではない。富や力は，証拠をもって示される必要がある。というのは，尊敬がはらわれるのは証拠にもとづいたときに限られるからである。こうして顕示的消費に向かう。そして富の証拠は，所有者の枢要さを他人に印象づけ，その印象を保つのに役立つ［同上書：49］。こうして，有閑階級に通例特徴的な職業は先に述べた4系統となり，レジャー（閑暇）は彼らの主要な活動となる。レジャーとは，怠惰や静止状態を意味するわけではなく，その意味するところは，時間の非生産的消費である。時間が非生産的に消費されるのは，生産的な仕事はするに値しないという意識からであり，また何もしない生活を可能にする金銭的能力の証拠としてである。生産的労働の証拠はその物質的な生産物であるが，英雄的な行為の場合には記念品や略奪品という，誇示に役立つ具体的な成果を確保することが通例である［同上書：56-57］。記念品としては，メダルやトロフィー，勲章，捕獲した獣の角や毛皮，などが英雄的行為の証拠となる。

　ヴェブレンのレジャークラスに関する研究は，労働を必要としない，あるいは労働から排除された人びとの存在とその消費的活動の特徴を述べているが，やがてやって来る産業社会あるいは消費社会では，特定の裕福な人びとばかりでなく労働者たちがレジャークラスの消費活動を模範として，大衆的な消費がなされるようになる。大衆的な消費は労働から切り離されたものではなく，労働を補完するものとしての位置づけられていた。つまり労働者の余暇活動は，レジャークラスのそれと形式は似てはいるものの，異質のものということができよう。

(2) ピーパーの余暇論

　ピーパーは余暇を人間の本質的なもの，人間性を失わせないための活動であると論じた。そして，余暇とはなにかを示すのに，まずその対立概念である「労働」について3点に要約して述べている［Pieper, 1965=1988：Ⅱ章］。
　第1に，活動が最高度にまで高められている状態。
　第2に，盲目的に苦痛を甘受する態度。

第3に，実益を目指す社会的で，機能的な労働への専念，没入である。

労働を，「活動」「苦痛」「社会的機能」に要約しているのであり，このような労働の視点からみれば，余暇は何も活動していない，怠惰以外のなにものでもなくなる。

しかし，ピーパーは，余暇は「労働者」という人間像の対極にあるとして，労働の3点に対抗する余暇のあり方を提起している。

第1に，労働が活動であるのに対して，余暇は非活動，「内面的なゆとり」「休息」「ゆだねること」「沈黙」の態度をあらわす。

第2に，労働＝苦労，骨折りという立場に対して，余暇は苦労から解放されて祭りを祝う人の態度に象徴される。祝祭の本質的特徴は「憩いと，強烈な生命と，コンプラチオが一体になっていること」にある。コンプラチオとは，創造の世界を心の目でながめてそれらをすべてよいものだと肯定する態度であり，それこそが余暇の本質である。

第3に，余暇は，労働が社会的機能，受益への奉仕であるのとはするどく対立する。労働者が余暇をもつことでスムーズに，事故なく働くことができるから，余暇が正当化されるのではなく，労働とは断ち切られた余暇をもつことである［同上書：60-75］。余暇は労働のためにあるのではないというわけである。

余暇は，ヴェブレンが論じたような労働から解放された有閑階級に属する特定の人びとの独占物であることもやめ，ピーパーが述べたような労働とは独立した人間らしさを確保する活動に留まることをもやめることになっていった。すなわち，近代社会の余暇は労働の補完物としての特徴を増大させているのである。つぎにこの産業労働の補完物として登場する余暇に言及する。

(3) 産業労働を補完するレジャーと障害者

日本においては1960年代，労働者のレジャー活動が注目されるようになった。ここでは尾高邦雄が当時おこなった分析を示して考察しよう。

労働とレジャー

　現代のレジャーの出現とその意味に関して産業社会学者尾高邦雄の説明を紹介する。工業化の進んだ国々の場合，現代は大量消費時代であり，大衆娯楽時代であり，マスレジャーの時代である。日本の場合この時代の到来は神武景気の頃（1955—56年）からだった［尾高，1970：253］。

　戦前までの日本ではレジャーを人前で公然と楽しむことは，いわゆるレジャークラス（有閑階級）だけの特権であった。もとより一般庶民にも，生活時間の一部としてレジャー，つまり労働のために拘束されている時間と睡眠や食事のような生理的に必要な時間以外の自由時間としてのレジャーは以前から与えられていた。しかしその時間を使ってする行動内容は，明日の仕事に備えるための休息か，たかだか家庭の中でする小さな気晴らしくらいのものであった。家庭の外で金と時間をかけて追求される遊びや快楽 – たとえば物見遊山，観劇，遊興，ゴルフ，狩猟など – に余暇時間が使われることはまれにあったとしても，頻繁にもしくは定期的に行われることはなかった。何よりも大多数の庶民にとってそういうことは経済的に困難であった。また職場での労働時間が一般に長かったから，いつも仕事に追われていて，こうした楽しみのために使う時間はほとんどなかった。そればかりでなくこうした楽しみを追求すること自体が贅沢であり，おごりであり，要するに道義的によくないことだという価値観が戦前には支配的であった［同上書，：143-154］。このように，戦前までわが国で，レジャーの享楽がしばしば無為，安逸，怠惰，贅沢などとして批判され，侮蔑の目で見られたこと，そしてこのため人びとは正当にレジャーを楽しむ機会が与えられたばあいにも，できるだけ人目を引かぬよう気を使うのが常だったのは，こうした価値観が確立されていたからである［同上書，：255］。

　これら価値観を特徴づけていたこのような戦前的色彩は1950年代後半以降，急速に一掃されることになった。レジャー時代の到来が日本で特にめだってきたのは60年代に入ってからであり，それ以来レジャーを享楽する国民大衆の割合は年々増加し，休日やウィークエンドには堂々とレジャーを楽しむのが当然のことだという考え方が急速に普及しつつある［同上書，：155］。レジャー

ブームが現れるにいたった直接の原因として次の諸点があげられる。
① 国民所得水準が一般に上昇したこと。
② 技術革新，オートメーションの導入により，多くの企業で労働時間の短縮が行われたこと。
③ 電気冷蔵庫から自家用車にいたる耐久消費財や，各種缶詰やインスタント食品などにより家事労働時間とその精力が節約されたこと。
④ レジャー施設が増加したこと。パチンコ屋，競輪場，野球場，ダンスホール，キャバレー，ボーリング場，ゴルフ場，スキー場などは50年代から急速に増え，ドライブや小旅行を楽しむために必要なハイウエーや高速道路の新設などがすすんだこと。
⑤ レジャーに対する人びとの価値観の転換。要約的にいえば，仕事や職業活動を生活の中心におく考え方から，レジャーや消費活動を生活の中心とみる人生観への推移，したがって勤労第一主義からレジャー享楽第一主義への転換ということである［同上書,：256-257］。

レジャーとは，余暇，ひま，遊び，楽しみ，趣味，娯楽，教養，休養，無為，怠惰，などさまざまな意味を含んでいたが，これはまた生活時間の一部としての余暇時間をさすと同時に，この時間内におこなわれるさまざまな活動つまり余暇活動をも意味した。仕事，労働，職業などの言葉は，二つの側面をもっている。第1にはそれが生活のための手段ということであり，第2にはそれが各人の社会的な役割であるということである。元来それが必ずしも好きではないが，生活のために日々やらなくてはならぬこと，何らかの報酬を得るために拘束された状態でやらされること，苦しいこと，疲れること，といったような意味が含まれている。これが第1の側面である。この側面に関するかぎり仕事はもっぱらそれの手段価値のゆえに重要視される。これとの対比によって考えられるレジャーの概念には，拘束からの自由，人間性の回復，楽しみ，生き甲斐などのような，人生の明るい面のイメージだけが結びつけられることになる［同上書,：270-271］。

これに対して第2の側面では，仕事は各人の社会的な役割，使命，責任，あ

るいはそれを持ち，またそれを果たすことによって初めて彼が一人前の社会人として認められるようになるあるものである。この側面では，仕事はたんに生活のための手段ではない。働くこと自体が各人の存在理由であり，立派に働き，優れた業績を残すことが，かれの社会的な名誉となり，かれ自身の誇りともなるという意味で，それは彼の生き甲斐ともなりうるものである。このような誇りや名誉は多くの場合，レジャーからは得られない［同上書，1970：272］。

　近代の産業社会を支える労働観の形成とその性格については，西欧と日本とでは，それぞれの特徴があるが，それらは国家や経営者の要請と対応して兵士としての国民，労働者としての国民の形成へと結びついていった。そのなかで，障害をもつ人びとは兵士・産業労働者＝国民という枠外の存在と位置づけられることになった。この時代の余暇は，一部のレジャークラスの独占物から労働者の大衆的な活動にまで拡大し，人生の自己実現のための唯一の手段であることもやめ，労働者の日々の活力再生のため，また労働意欲再生のための手段へと転化していった。この時点で当然の結果として，産業労働に参加することのない障害者たちは，現代の余暇活動から，排除されることになった。障害者は旅行弱者と命名され，余暇やレジャー，旅行からも排除されることになったのである。かつて，座頭や瞽女はその生き方として，たつきとしての旅出ったにもかかわらず，現代の産業社会では旅行弱者として旅行するためには，保護や介護，支援を必要とする存在になっていったのである。

総括と今後の課題

　第Ⅰ部，とくに最後の二つの章で見てきたのは，労働に価値をおいた社会の形成と拡大のなかで，障害者の生きる場所の拡大が困難となった点であった。近代社会がはじまり，それがすべての人びとにとっての運命となる以前，日本社会にはかすかに障害者が生きる漂泊社会があった。その人生はやはり苛酷で，

そこに立ち戻ろうと提案をすることはできないが，たしかにそこには定住者とも関係を持って生きていく可能性は存在した。新たに形成された現代社会は，障害者ばかりでなく，健常者にとってもまた労働を基準としてすべてがはかられる窮屈な世界だったのではなかったか。そして現代の労働・教育・福祉の社会のなかで弱者のレッテルを貼られ，人びとの自立の困難さは増大したのではなかったか。労働・真面目の原理に覆い尽くされた近・現代社会を批判したホイジンガの現代批判の視点から一歩次の研究への歩みを進めよう。遊びや文化をとおして人類の歴史を考察する彼の視点には，旅行や観光が重要な役割を果たす可能性もある。

　19世紀の文化過程のなかには，遊戯機能を容れる余地はあまり残されていないように思われる。この機能を閉め出すように見えるさまざまな傾向がしだいに勢いを増しつつある。すでに18世紀のうちから，冷徹な散文的功利主義と市民的幸福という理想とが，社会の精神の上に拡がっていた。その世紀末葉には，産業革命が絶えず高まってゆく技術的成果によって，これらの傾向をますます強めていった。労働と生産が時代の理想となり，やがて偶像となった。ヨーロッパは労働服を着込んだのだ。社会意識，教育熱，科学的判断が文化課程の支配者となった。その結果として，経済的な諸々の力関係，利害関係が世界の進歩を決定しているとする恥ずべき誤った考えが提唱され，それが世に行われるようになった。ある世紀が自己自身を，また存在のすべてを物々しい真面目さで受けとったとすれば，それはこの19世紀に他ならなかった［Huizinga, 1963=1971: 320-321］。

　人間は労働する存在であり，つくる人を意味するホモ・ファベルという人間観が19世紀以降人類の運命になってきたが，われわれは障害者旅行研究のスタートにあたって，このこと自体の検討を忘れてはならない。旅行や観光は単に労働の中断とか労働のための英気を養うための余暇ではなく，労働を止揚する最も重要な活動の一部であることへの注目から次の研究をはじめたい。

第Ⅱ部　障害者旅行の展開と研究

　われわれは，障害者旅行に関して，社会学的あるいは観光社会学からの研究を提案しようとしている。とくに1980年代以降，障害をもつ人びとの社会的な活躍がめざましいばかりでなく，旅行や趣味の活動も多様化し活発化しているように感じられるが，はたして実際はどうなっているのだろうか。障害をもつ人たちの目をみはるような活躍に圧倒されたのは，やはり1998年冬の長野パラリンピックであった。テレビを通してはじめて目にするチェアスキーは迫力があったし，そのうえ日本人選手が次々にメダルを手にするのを目のあたりにして人間の底力をみた思いがした。障害の有無にかかわらず人間は自らの潜在能力を目覚めさせ，鍛え，スポーツにも社会活動にも旅行にも，志しある方向に向かって活動する存在であることを認識させられた。第5章では，まず障害をもつ人たちが，職業ばかりでなく旅行や観光を目指して社会へ出ていった試みについて，日本におけるその実態についてみておくことにする。次にこうした障害者やボランティアの人たちの活動に対して，旅行業界や社会はどのように反応していったかについて整理する（第6章）。第7章は，同時期における障害者をめぐる世界的動向に注目する。第8章では，このようなうごきの原因とも考えられる自立，人権といった思想の動向について論じたい。こうした一連の作業を通して，どのような状況や事情がつらなり合って，障害者旅行が実践され，注目され，研究される課題になったのか考察する。

第5章　障害者旅行の着目　1980年代

　1980年代，障害者の旅行に関する多くのとりくみや活動があらわれ，社会的な注目を集めてきた。障害者自身が旅行を含むさまざまな余暇活動に参加するようになり，社会のなかに，そのうごきをうけとめる試みや支援，あるいは積極的に奨励する動きがでてくるようになった。第5章ではこうした点について，障害者旅行へのとりくみ（1節），障害者旅行の情報（2節）について述べていく。

1節　障害者旅行へのとりくみ

　1980年前後より，家に引きこもりがちであったさまざまな障害を持った人びとが，積極的に外出し社会へ出ていく，旅行に出かける試みが社会に注目されるようになった。まず，障害者の団体旅行として話題になった「ひまわり号」の運行，次に障害者や健常者，観光で働く人びとなど，障害者の旅行に関心を持つ人びとにより形成され，それについて研究や討論，情報交流などばかりではなく，実践的に取組むグループについて紹介する。

(1)　フレンドシップトレイン「ひまわり号」の運行

　1980年代のはじめごろは，車いすで通過できない改札口，階段が多く障害者の利用できるトイレが設置されていない駅や，列車の構造などで，障害がある人たちが自由に列車に乗って旅が出来ないという事実があった。当時，東京で寝たきり老人の入浴サービスボランティアをしていた人が，あるお年寄りの「もう一度，列車に乗って旅をしたいなぁ」というつぶやきを聞き，普段列車

に乗って出かけられない人のために列車を走らせようと思いたち,「列車に乗ってみたい」「旅をしたい」という障害者の切実な願いを実現させようと専用列車を走らせたのが「ひまわり号」運動の契機であった。当時,分割民営化を控えていた国鉄の積極的な協力が功を奏し,1982年11月3日,文化の日,日本で初めての障害者専用列車「ひまわり号」が上野駅と日光駅の間を走った。160名の障害者にふさわしいだけの救急機材,薬品が積まれ,7名の医師と22名の看護士が乗りこんだ。あと6ヵ月しか余命のないと思われるM君もいた。夫婦とも全盲で,子供を4人つれた一家6名がはじめての家族旅行をした［姥山,1983：6］。

このことは,全国的に大きな反響を呼び,翌年1983年には,東京都,千葉県,群馬県,京都府,広島県,愛媛県,福岡県の全国9ヵ所でボランティアや障害者を含む4,300人を乗せて「ひまわり号」が走った。その後,「ひまわり号」は全国各地に波及し,2000年には北海道から九州まで全国各地で71の実行委員会が活動するまでに成長した。

1991年11月3日には,「ひまわり号」が走り始めてから10年を記念し,全国の仲間が一同に会する集会として,「ひまわり号10周年記念祭典」が東京ベイNKホール（千葉県）において開催された。全国から4,000人を超す全国のひまわり号の仲間が,さまざまな交通機関を利用して集合した。この集会を成功させたことにより,社会的にも「ひまわり号」の運動が今まで以上に多くの人びとに知られるようになった。そして,多様な交通機関で障害者や交通弱者に対する認識も広がり,さまざまな方面で施設の改善や多くの人々の理解も深まり,障害者への対応の仕方などに大きな変化をもたらした。障害者の要求実現という視点から出発した「ひまわり号」運動は,すべての人が「いつでも,だれでも,どこへでも安心して利用できる交通のしくみ」と安心して住み続けられる「まちづくり」をめざす全国統一の運動として展開されている。

現在のようにさまざまなバリアフリー法が法制化されていない時代において,公共交通機関における移動は非常に困難であった。この活動で特筆できることは,外出することが事実上不可能だった障害者を外出させ,さらに旅すること

ができるようになったことである。それが,「自立」を目指そうとした障害者自身と,「移動する権利」を守ろうとするボランティアの共同作業であり,社会的に大きなインパクトを与えた出来事であったことは間違いない。

(2) 翼をもった青年たち

「1986（昭和61）年5月9日午前11時30分,日航ジャンボ機が那覇空港に着陸した。それと同時に満席の機内で,われわれグループ80名から一斉に拍手がおこった。はじめて飛行機に乗った青年たちの感激と喜びと安堵感の率直な表現だった［吉川,1996：20］」。これは,「働く青年の旅」とよばれる東京都知的障害者育成会がはじめた活動である。旅行する機会にめぐまれず,家族や学校,作業所,施設に閉じこもっていた知的障害者に新しい世界を知ると同時に,本人たちの人生における著しい進歩を働きかけるために始められた［同上書：3］。この活動の中心的人物である渡辺エミ子は,「働く青年の旅」を紹介した吉川武彦著『翼をもった青年たち』のなかで次のように述べている。「彼らは,学校では修学旅行にも行った,施設でも作業所でも旅行にはつれていってもらっている。でも彼らが行きたいと思っていくんじゃなくて,結局行かされるの。行かされているだけなの。それもね,バス旅行で。缶詰旅行で。あんなの旅行じゃない。旅行って楽しいもの。わくわくするもの。自分で行きたいって思えるのが,旅行。（中略）バスに乗って缶詰旅行しかしたことのない彼らに,飛行機の旅,させたいと思いませんか。それも,彼らが行きたいと思うようなそんな企画をつくって,彼らに申し込みしてもらって,お仕着せでない旅行をしてもらったらどんなにいいか［同上書：6］」。

また,この活動での旅行の目的を次のように述べている。その1,彼らに旅慣れてもらうこと。だからあれこれうるさいことはいわない。成功は成功。失敗は失敗。経験をたくさん積んでもらうこと。その2,知的障害者の処遇に関わってきた人は,親を含めて彼らをいじりすぎてしまいます。よく言えば世話の焼きすぎ,悪く言えばお節介。いえ,もっと悪く言えば「責任のがれ」。どうしたら自由に振舞えるのかこの旅を通じて学びたい。その3,ツーリスト

（旅行社）に経験を積んでもらうこと。知的障害者がツアーに参加してもあわてないですむように。もちろんお断りすることがないように。誰もが参加できるツアーを企画し、そして実行できるツーリストになってほしいし、ツアーコンダクターになってほしい。そのための学習の場の提供、というのも目的のひとつ［同上書：36］。

その後、第2回国内旅行では北海道知床、第3回国内旅行では九州島原を旅行し、1987（昭和63）年秋には、第1回海外旅行としてタイのバンコク、パタヤへ旅行している［同上書：37］。知的障害者が、旅行社の提供する数あるツアーのなかから、自分がいきたいと思うツアーに自分で申し込み、自分の余暇を楽しむようになることがこの活動の目標とされている［同上書：38］。このような地道な活動の努力が社会を動かし、障害者が自由に旅行できる環境をつくっていった事実は大きな功績である。

(3) 那珂川苑

1983年、栃木県塩谷郡馬頭町の那珂川沿いの丘に、温泉つきの障害者宿泊施設が建設された。この施設は後述する国際障害者年をうけ、当時障害者が宿泊できる施設が少なかった時代に保健施設として建設されたのである。経営はとちぎ健康福祉協会である。ここでは、この施設の設備を紹介しよう。

トイレ

那珂川苑のトイレの特徴は、男女別に、あらゆる障害に対応したトイレ形態を備えているところである。フラットな床に座ったまま使用できる洋式トイレや、車いすが十分に入れる大きさのトイレが設置されている。地元の障害者団体の人びとの意見で不要なパイプは切断するなど修正も試みている。女性用トイレも同じ広さではあるが、男性用小便器の代わりに洋式トイレが設置されているのが相違点である。また、手洗い場には、頑丈な手すりが設置されている。

食堂

　フロントから一番に近いところに食堂がある。室内にはテーブルが並んでおり，特に車いすのままで利用できるように机が高いタイプになっていた。食事は希望に応じて「きざみ食」を提供する。

客室

　多目的室は30名ほど入れるスペースがある。畳まではスロープが設置されていたが，原則として車いすは畳には乗れない。必要な場合にはシートを敷いて対応する。
　1階の8部屋が和洋室で，和室6畳に，ベッドを3台兼ね備えた部屋である。この部屋は2001年度にリフォームされた。これらの部屋は車いすに乗ったまま，ベッドやトイレに行くことも可能な設計である。
　2階の7部屋は12畳の本格的和室で1部屋で6名まで宿泊できる。また，ふとんでの就寝が困難な場合には簡易ベッドを用意できる（料金無料。全館で5台用意）。
　窓寄りのスペースには段差があったが，転倒事故があり改良された。また，2階廊下のじゅうたんは毛足が長く車いすの通行は不便なので，2002年度予算で毛足が短いものに改良されている。

風呂

　共同浴場には，スロープを完備しており，備え付けのシャワーキャリーに乗ったまま入浴することが可能である。また，床全体が暖房できるような設計になっている。家族風呂も同様の構造である。

　障害者が宿泊できる施設がおおくなかった時代に，このような施設が建設されたことは，旅行できなかった障害者が宿泊できるようになったという面から，施設ができたこと自体に意味があるといえる。

2節　障害者旅行の情報

　少しずつではあるが，旅行しようとする障害者増えてきたが，決定的に旅行しにくい要因としてあげられるのが，旅行に関する情報の不足であった。そのような中，1980年代後半になると，障害者自身とそれをサポートする人びとが障害者の旅行に関する情報を自らが収集，分析し，公表するようになった。

(1)　旅行のソフト化をすすめる会

　八王子市を中心に活動している障害者団体「若駒の家」内の自立情報室に開設された「旅行のソフト化をすすめる会」は，1986年に出版された全国社会福祉協議会版「障害者旅行ガイド」を作成したメンバーと，障害者の社会参加や街づくりの活動を続けてきた「第一若駒の家」のメンバーが，パソコンを利用して，時代の変化に対応した新しい旅行ガイドを作成するという共通目標のために協力し合うことで，1989年に設立された。その後，旅行会社の人やプログラマーなども参加して十数名で活動している［すすめる会：163］。

　1989年の活動開始以来，アンケート調査の方法で全国の宿泊施設，交通機関，観光施設の調査を行い，収集したデータを順次「障害者や高齢者のためのアクセシブル旅行ガイド」シリーズとして出版していた。また，1994年には全国脊髄損傷者連合会と協力して，『最新版　全国車いす宿泊ガイド』を発行した。これらデータ集とは別に，1993年より旅行の体験談や新たなデータを掲載した季刊の旅行情報誌『アクセシブルインフォーメイション』を発行している。いっぽうで，さまざまな人びとから，情報をフロッピーで欲しいとか，パソコン通信にのせないのかとかの要望や，視覚障害者むけの点字化やテープへの吹き込みの許諾，あるいは，個人の旅行相談や旅行先のデータがほしいという問い合わせ，あるいはホテルや旅行会社からホテルの設備の改善の相談，ツアー企画の相談などが寄せられている［すすめる会］。

(2) もっと優しい旅への勉強会

「もっと優しい旅への勉強会」は，障害のあるなしにかかわらず「だれでも，自由に，どこへでも（Tourism For All）」をモットーに，旅が楽しめる社会環境を作ることを目指し結成された。ここでいう「障害」とは，心身の障害だけでなく，高齢・けが・病気・妊娠等の理由により，旅を楽しむ上で一時的な配慮や特別な医療的介護を必要とする，「すべての人びと」を意味している。会員の構成は，旅行会社，航空会社などの旅行関連産業をはじめ，福祉団体，医師，学生，主婦など障害の有無に関わらず多種多様であり，さまざまな立場から障害者旅行の問題点や施策について意見を交換することが可能である［もっと優しい旅への勉強会］。

もっと優しい旅への勉強会では，1991年4月より，「優しい旅」に関係のあるさまざまな講師を招き，その内容に関する討論会や意見交換を実施している。その内容は多岐にわたり表5-1ではこれまでにおこなわれた「勉強会」のタイトルを①旅行体験，②旅行業界，③福祉・医療，④行政・政策，⑤その他に分類し紹介する。このタイトルの分類表から，障害者旅行の最前線でのさまざまな視点からの取り組みを知ることができ，実践的な研究や情報を得ることができる。

その他，実際に街に出て小旅行を体験する「日本列島遊び隊」や，身近な課題を研究し，その成果を発表する「学び隊」などの活動がある。学び隊はこれまでに，一年間かけて米国障害者法日本版の研究に取り組んだり，ハートビル法や交通バリアフリー法など日本の法律に関する研究，さらに2002年から毎年「日本福祉の街づくり学会」において研究発表を行なうなど，地道な努力を続けている。さらに，会主催のハワイ旅行を実施したり，交通機関や観光施設の改善についてのアドバイスや広報活動，イベントへのブース出展なども行なってきた。

1994年と1997年には「もっと優しい旅へのシンポジウム」が開催された。観光産業界に携わる人びとが中心となって，障害をもつ人やその家族，福祉関係

者，マスコミ，医療・法曹界，行政関係者など300名を超える人々が集まり，日本ではじめて障害をもつ人や高齢者の旅の現状と課題について発表や意見交換がおこなわれ，マスコミや各方面からの反響を呼んだ。

2001年11月には，日本旅行業協会（JATA）主催の，旅行見本市「JATA2001トラベルマート」が東京ビッグサイトで開催された際には，JATAからの委託を受け「バリアフリー旅行情報センター」のブースを出展した。この展示を計画にするにあたり，「バリアフリー旅行」というものを，特別な一部の人の旅行から，もっと一般的に出来ないかという点について協議された。

勉強会の活動は，それぞれが障害者旅行の現状を理解し，努力や工夫を共有し，それぞれが自分の立場で実践し，広めていったことに大きな意味があった。

障害者自身が「外に出たい」，「旅に出たい」あるいは「出よう」という意思を示し，それをサポートする人びととの共同作業によって，彼らの希望が実現させる過程が，1980年代になると目に見えてあらわれてきた。ひまわり号のような巨大な団体旅行はマスコミにも扱われ，人びとの注目を集めデモンストレーション効果をもった。働く青年の旅は障害者自身を動かし，家族そして旅行会社を動かしていった。また，障害者や旅行関係者，その他関心を持つ人びとが参加する勉強会やグループの活動は，障害者の団体ばかりでなく個人の旅行について，情報やノウハウを積み重ねていった。その情報量や実績は膨大なものである。

表5-1 タイトルからみた勉強会テーマの分類

テーマ	勉強会のタイトル
①旅行体験	成子の北欧旅行-車椅子での旅-/高さ135センチの車いすから見た街/研修等で海外を見て/シドニーバリアフリー視察研修旅行から/フランスでの障害旅行体験記/障害をもった人の観光旅行事情/香港旅行の報告/私と障害をもつ人の旅行/リフト付き観光バスで行く「夜の新東京発見」/モンゴル旅行/私のパリ旅行/バリアフリーオートキャンプの報告/盲導犬と行ったフランス旅行
②旅行業界	旅行会社からの傾向と提案/JR東日本の障害者対応について/空の旅の新しいサービス/海外観光地の社会的背景、受け入れについて/ヒルトンホテルにおける障害をもつ人へのサービスと設備/航空機利用の際の質問票と診断書の提出について/JALプライオリティ・ゲスト予約センター半年間の業務をふりかえって/空港ターミナルのアクセシビリティーこれまでの旅行相談活動から旅行関連企業-/日本でもハンドドライブレンタカーを普及させよう/電動車いすの単独参加を受けるツアーを実施して/海外旅行の傷害保険について/「TAC旅倶楽部」について/航空会社のレギュレーションについて/未来のバリアフリー旅行/旅を創る基礎知識～JATA「バリアフリー旅行ハンドブック」執筆に携わって～/旅行業界からの新しいアプローチのあおぞらツアーの実際と課題
③福祉・医療	障害者旅行と医療の問題について/精神障害者と旅行/聴覚障害の特徴と旅行について/聴覚障害の理解と旅行について/知的障害者の旅行とレジャー/介助犬とは-介助犬と旅行の課題/なぜトラベル専門学校の授業にバリアフリー講座を取り入れたか/YMCAの「バリアフリー講座」について/高齢者旅行について知って下さい。黄色いハンカチはSOSのサインです/高齢者など「聞こえ」に障害のある方の旅/知的障害者の旅行について/障害者旅行と介助者/電動車いすと旅/バリアフル・ニッポン/旅はトイレから/介助犬の報告
④行政・政策	フロリダ州の観光事情/オーストラリアの観光事情/障害者と高齢者に関する交通対策とその方向性/公共スペースのデザイン・都市環境デザインの立場から/誰もが自由に出掛けられる社会づくり
⑤その他	高島屋のバリアフリーへの取りくみ/アジアの障害者との交流について/流通業におけるノーマライゼーション-全てのお客様を暖かくお迎えするために-/障害者の雇用について/電動車椅子サッカーっておもしろい/電動車椅子サッカーチーム「エレキング」との交流

出所:もっとやさしい旅への勉強会ニュースレターより作成

第6章　障害者旅行への対応

　第5章では，1980年代，障害者自身が外へ出るようになり，障害者の旅行が提案され，また情報が発信されるようになったことを述べた。このうごきに対して，周囲は障害者の旅行に対してどのように対応してきたかについて述べよう。

　1980年代以前，旅行会社は障害を持った人びとを顧客として扱うことに消極的であった。1990年，根橋が障害者7名，ボランティア10名とともに中国上海旅行を敢行したそのきっかけは，視覚障害の友人が一旦は申し込みを受理された大手旅行社の団体旅行に，直前になって旅行会社から断られるという体験があったからであった。しかし，1990年代になると旅行業界全体が，障害者の旅行を受け入れるようになった。このような事実を，まず1節では宿泊施設や旅行会社の取り組みとして概観しよう。そして時期を同じくして，国や地方公共団体がバリアフリーに関する法律や条例を制定し，街づくりをしていった（2節）。

1節　旅行業界の対応

　1990年代になると，旅行業界の障害者へ対する理解がすすみ，障害者の顧客を積極的に受け入れるようになった。本節では宿泊業や旅行会社など，業界側からの動きについて概観する。なお，この分野に関しては，草薙威一郎が草分けである。草薙は障害者旅行に関するさまざまな著書を発表しているが，1998年に出版された『障害を持つ人と行く旅』のなかで，「障害をもつ人や高齢の人の旅行に関する年表」［草薙，1998：112-115］を整理している。1990年代ま

でのできごとがまとめられた重要な資料であるのであわせて紹介しておく。

(1)　宿泊施設のとりくみ

　1980年代初頭までは，障害者が宿泊できる施設は限られており，それは公共の施設によるものが多かった。1975年には全国社会福祉協議会（全社協）から『車いすホテルガイド』が出版されたが，この時期に障害者が宿泊できるホテルは少なく，自由に旅行先を選べるわけではなかった。

　1981年の国際障害者年以降，障害を持っていても宿泊できる施設が少しずつ増えていったが，那珂川苑のような障害者の宿泊を全面に意識した，いわば施設であった。ホテルや旅館などが障害者を受け入れるようになったのは，1980年代後半のことである。ここでは，先進的な事例ともいえる京王プラザホテルの取り組みと，シルバースター登録旅館制度とその登録されている旅館を紹介しよう。

京王プラザホテル

　東京新宿副都心にある京王プラザホテルは日本観光協会や外務省のバリアフリー関連のPRビデオに取り上げられるなど，バリアフリー対応に関して先進的なホテルであると旅行業界では認知されている。1988年，同ホテルが「リハビリテーション世界会議」のメインホールとなり，それにふさわしいホテルが必要になった。そこで，専門家の指導のもとに改装をおこない，京王プラザホテルは，22階から25階に各階3部屋ずつの15部屋を車いすで利用できるハンディキャップルーム（現ユニバーサルルーム）に改装し，あわせて館内にスロープを増設した。ユニバーサルルームとは，障害者専用の客室ではなく，広さ34—35㎡の通常より若干広めの客室である。これらの改造により，ほとんどの場所に車いすで移動できるようなった。同年のリニューアルは車いすでの移動をスムーズにするという面では大きな成果があったが，当時はバリアフリー化の対象として，車いすの移動に関連した段差等の物理的障壁の除去しか念頭になかった。盲導犬に関しては，館内どこでも同行可ということになっていた

が，視覚障害者への対応については詳細な対応マニュアルは存在しなかった。

　1995年3月にホテル主催で開催した社内手話講演会をきっかけに，従業員は聴覚障害者がホテル内でさまざまなことに困っていることに気づいた。同時に，ホテル職員有志約30名が参加し手話サークルが生まれた。このころになると聴覚障害，視覚障害の利用者にどのような対応をしたらよいか。車いすの利用者にもっとなにかしてあげられることはないのか。ということを従業員自身が考え，アイディアを出すようになった。例えば視覚障害者がシャンプーとリンスを識別できるようにキャップに輪ゴムを巻くという工夫はサービスの現場から生まれ，活用されている好例である。京王プラザホテルでのとりくみはさまざまな場面で紹介され，全国の障害者が宿泊しやすいホテルの先進的事例となったといえる。

シルバースター登録制度

　1995（平成7）年にシルバースター登録旅館制度が発足した。シルバースター登録旅館制度とは，高齢社会の到来とともに，顧客としての高齢者の対応を主眼とし，さらに障害者に対しても快適な旅館を目指すうごきである。シルバースター登録旅館の前身である「国民旅館制度」は1964（昭和39）年からスタートし，厚生省（現厚生労働省）と全国ホテル旅館振興センターでナイス・イン（Nice Inn）部会をつくり推進してきたが，使命を達成できたとして，それを発展させた形でシルバースターの登録委員会と推進委員会を設置した。シルバースター登録旅館制度の目的は，全国旅館生活衛生同業組合連合会（全旅連）発行の『宿ネット』によれば，次のように述べられている。

　高齢化社会を迎えるにあたり，高齢者が利用しやすい宿泊施設の整備をはかる必要から，厚生労働省並びに関係機関の協力を得て，設備・サービス・料理面で一定の基準を充足する旅館・ホテルを対象に，全旅連が認定登録する制度である。高齢者に対する適切な宿泊施設の対応を整備・確立するために，高齢者の方に対して「安心・かつ快適・親切な宿」を提供するための受入態勢を整備する必要から，全旅連が既存のホテル・旅館を対象に，設備，サービス，料

理面で70歳以上の高齢者向けの内容をプラスした宿泊施設を本振興センターの定める一定の基準に充足しているかどうかを審査し，その結果，認定登録として合格した宿泊施設を「シルバースター」登録ホテル・旅館という。シルバースター登録旅館の基準を表6-1に提示する。施設面でのバリアフリー対応に対して，高齢者を意識したものであること，設備だけではなく接客や料理への配慮を含めた対応ができることが，シルバースター登録の条件となる。

表6-1　シルバースター登録旅館の基準

①旅館業法に基づく営業の許可を取得後，1年以上営業を行っているもの
②標準客室は原則として9平方メートル（約6畳）以上であること
③客室内浴室・トイレには必要に応じ，手すり等が設置されていること
④共同浴室は男女の区別があり，高齢者が安全に利用できる設備があること
⑤共同トイレは出入口から男女別で，手すりつきも有り水洗式であること
⑥ロビーや談話室が設けられていること
⑦宿泊料金は宿泊客にもわかりやすい料金体系とすること
⑧部屋割りについてはできる限り高齢者が利用しやすい客室を提供すること
⑨高齢者（満65歳以上）に対しては割引料金・粗品・飲食等の配慮を行うこと
⑩従業員に対し高齢者の宿泊に接する際の配慮等の教育を行うこと
⑪十分なる旅館賠償責任保険に加入し，貴重品保管設備が完備していること
⑫適正な区域内に往診等の対応処置が取れる医療施設を有すること

> ⑬浴室は高齢者の利用を考慮し，浴槽の形態，洗い場の材質等についても配慮すること
> ⑭段を設ける場合には，なるべく勾配を緩やかにし，階段の高さに配慮すること

　現在，シルバースター登録旅館は全国におよそ1,000軒あり，障害者や高齢者が利用しやすい旅館の指標となっている。個々の旅館の多くは，この基準をクリアするにとどまらず，独自に高齢者や障害者の適切な対応をするよう努力している。具体的にユニークな事例をふたつ紹介する。

事例6-1：ホテル扇芳閣（せんぽうかく）（三重県鳥羽市）

　三重県鳥羽市にあるホテル扇芳閣は1992年に増改築をおこなった。当時，伊勢神宮の遷宮があり，三重の博覧会やスペイン村開業も加わり活況を呈していたが，阪神淡路大震災後この地域が京阪神の観光地であるため厳しい時期になった。その頃，障害者団体からの問い合わせがあり，それを契機に障害者を積極的に受け入れるようになった。

　2002年春，伊勢志摩の観光スポットや宿泊施設などをバリアフリーの視点で調査をし，それらを観光客に情報発信するというNPO法人，「伊勢志摩バリアフリーツアーセンター」が鳥羽市に開設された。ホテルはセンターにバリアフリー調査を依頼した。その結果，現状では利用できる障害者が少なく，おしきせのバリアフリーであったことが指摘された。その後，ユニバーサルルームの改築にとりかかるためにセンターのメンバーを交え，2002年秋にはプロジェクトチームが結成された。それ以来，月1回のペースで車いす使用者，視覚障害者，聴覚障害者，そして設計士，施行会社がホテルに集合し，扇芳閣スタッフとともに会議を重ね，2003年7月に待望のユニバーサルルームが完成した。

事例6-2　ショップモビリティと温泉（長崎県小浜町）

　長崎県の小浜温泉は江戸初期からの歴史をもつ日本有数の温泉街である。その小浜温泉のある小浜町では近年，高齢化が問題となっていた。町の人口の

26％が65歳以上，4人に1人が高齢者であるという状況のなかで温泉街に隣接する商店街も衰退の道をたどっていた。このような状況をどうにか活性化できないかと模索していた小浜中央商店街協同組合は，その解決方法として1999年に「ショップモビリティ・システム」導入の検討することとなった。ショップモビリティとは，移動に障害をもっている人や困難を感じる人たちに，外出するための手段である車いすや電動スクーターを無料で貸し出すシステムである。2001年小浜町ショップモビリティ情報センター「ぽかぽか」が設置された。18台の電動スクーターが用意され温泉街を自由に移動できるようになった。そのうごきに連動し，リーダー的に活動している旅館が春陽館である。温泉街の中心に位置する春陽館は，1910年代に建築された木造旅館であるが，高齢者や障害者にも旅館をもっと使いやすくと考え，スロープ，エレベーター，車いすでも利用できるトイレ，貸切風呂などハード面の改造をおこなった。さらに，毎日手話を女将と仲居が勉強しており，朝礼の挨拶は手話から始まり，2004年1月にはホームヘルパー3級の資格を6名が取得するなど，高齢者や障害者のうけいれに積極的な旅館である。

(2) 旅行会社のとりくみ

1990年代になると，大手旅行会社が障害者の旅行やツアーを専門にする部課を開設したり，高齢者や障害者の旅行を専門とする旅行会社が多く出現する。ここでは，さまざまな旅行会社のユニークなとりくみを概観していくことにしよう。

JTB

JTBは，大手旅行会社では最もはやい時期に障害者の旅行を受け入れた企業として知られている。まず，1975年より車いす団体の海外旅行取扱いを開始した。1980年代後半になると取組みがさかんになり，1989年には，海外人工透析旅行が実施された。さらに旅行業界初のパッケージ旅行が企画され，1991年，海外パッケージ旅行「ルック」で，「車いすで行くアメリカ」，「車いすで行く

カナダ」，1995年には「盲導犬と行くヨーロッパ旅行」，1999年から，在宅酸素療法の患者むけのハワイ旅行の企画・販売を開始した。また，2000年には，海外パッケージ旅行「ルックハワイ」，「ルックグアム」のなかで，車いす利用者向けサービスを拡充した［JTB，2001］。

　JTBの全社的な取組みが，1990年代になると積極的に行われるようになる。1994年には，旅行面のノーマライゼーションを全社的に推進する「ノーマライゼーション推進デスク」が経営改革推進プロジェクトに設置された。1995年「旅フェア'95」（運輸省・自治省後援）に，障害を持つ人・高齢の人の旅行促進ブース「ぼらんたび」を共同出展した。1996年にはトラベルネット社を，社団法人ゼンコロ・三菱商事とともに設立した。1996年には「Dシート」とよばれる海外主催旅行での利用客からの聞き取りシートの様式を統一した。2000年「トラベルネット社」の運営形態変更により，社内に福祉旅行専門セクション「JTBトラベルネットデスク」が設置された。そして2001年から，修学旅行生徒を対象とした「福祉のまちづくり体験学習プラン」を「TASC（トータルサポートアクセスセンター）」とともにスタートさせた［同上書，2001］。

クラブツーリズム

　クラブツーリズムは，1980年に近畿日本ツーリスト渋谷営業所（現在は子会社化）に誕生した。1980年に発足した当時の会員の高齢化が進み，ツアーのスピードについて行けなくなった参加者は旅を諦めてしまう傾向が現れ始めた。そこで，1995年に高齢や体の障害などにより旅をあきらめてしまっている人を対象にしたバリアフリー旅行センターを創設し，会員制のクラブ活動を展開し，主体的な旅行ができるように工夫している。そのなかでも，障害者や高齢者が積極的に旅行に参加できるクラブ活動を，インターネットから紹介しよう。

① みんなでGo！倶楽部

　みんなでGo！倶楽部はバリアフリー旅行センター会員からの多くの声「したい！をできる！に」をモットーに活動している。リフト付きバスを利用して

段差の少ない観光地を巡るコースが主体の既存のバリアフリー海外・国内旅行とは大きく異なり、「行きたいところに行く！」という大きな壁を乗り越えるチャレンジをするツアーを企画している［クラブツーリズム］。

② ブライユの家

　目が悪くても一人で旅行に行きたい、五感を十分に発揮させて、知らない世界を体験したい、触る為の時間を十分とって欲しい、身支度、食事、トイレなど時間配分をたっぷりとした旅行に行きたい、という要望から、点字の発明者Louis BRAILLE（ルイ・ブライユ）にちなんで、視覚障害者とその家族、ガイドヘルパー、点訳ボランティアや視覚障害者の旅行に関心がある人が会員になり活動しているクラブである［クラブツーリズム］。

③ トラベルサポーターズクラブ

　クラブ設立時から54名がトラベルサポーターとしてツアーに参加したり、旅を楽しんでもらう為のお手伝いをしている。車いすを押したり、視覚障害への手引きのサポートや、空港までの送迎や視覚障害者の「触って分かる地図作り」の協力など、サポーターの協力で、多くのツアーが実現している［クラブツーリズム］。

トラベルデザイナー

　自らをトラベルデザイナーと称するおそどまさこは、女性のひとり旅から子連れ旅、体力に不安な熟年層や身体に障害を持つ人の旅など、旅立ちにくい人の旅の可能性を広げることをテーマに、原稿執筆やツアーの企画・デザイン・同行をはじめ、オーダーメイド個人旅行デザイン、旅講座、インターネットを通じて旅行情報の発信をしている。彼女の企画により旅立つことができた障害者は少なくない。

　おそどは、1995年春から、盲導犬使用や白杖使用の視覚障害者、手動や電動の車いす、松葉杖、杖などを使用する肢体不自由者、脳梗塞やくも膜下出血で

麻痺が残った人，人工透析など，様々な病歴や障害を持つ人が参加しやすいツアーを企画し，それに同行している。また，旅行会社から参加を断られている人の旅を実現させる「バリアフリー・オーダーメイド個人旅行」も手掛けている。

おそどは，障害者の旅行に関するさまざまな著書を発表している。1994年には，イギリスで出版された延べ114人の様々な障害を持つ人びとの地球旅行体験記を翻訳し『車椅子はパスポート』を出版した。1996年には，『障害者の地球旅行案内』が出版された。電動車椅子，ハンドコントロールの車でのアラスカ，白杖でのヨーロッパひとり旅など，旅行記をもとにつくられたガイドブックである。2002年には，『無敵のバリアフリー旅行術』を出版した。「決してあきらめないで！不可能を可能に！」を合言葉に，障害のある人もない人も助け合って旅するコンセプトのツアーを32本企画・同行してきた著者が，それらの体験から知り得たバリアフリーの旅のノウハウをまとめたものである。

2節　社会の対応

2節では，障害者の旅行をバックアップする社会の対応として，日本における政府や地方公共団体のとりくみについて，法律や制度の整備を概観する。

(1)　法律の整備

まず，第二次世界大戦後の日本における障害者に関する法律について概観しよう。1946年には，日本国憲法が公布され，その第11条には基本的人権の尊重，第13条に「個人の尊厳」が規定された。1949年には，身体障害者福祉法が制定され，軍人ではない障害者のための法律がはじめて制定された。1950年には精神衛生法，1960年には精神薄弱者福祉法，身体障害者雇用促進法が制定された。

後述する国際障害者年，国連障害者の十年は，これらの法律にも大きな影響をおよぼすとともに，1993年には障害者基本法が制定され，1995年には障害者

プラン，ノーマライゼーション7ヵ年戦略が策定されるなど障害者福祉に新しい流れをもたらした［牛津ほか，2001：84］。1990年代になると，ハートビル法，交通バリアフリー法，身体障害者補助犬法といった，障害者旅行を促進する法律があいついで制定された。

ハートビル法

1994年6月，「高齢者，身体障害者等が円滑に利用できる特定建築物の建築の促進に関する法律」，通称ハートビル法が制定された。この法律の成立によって本格的な高齢社会に対応した建築行政への転換が示された。わが国では初めて制定されたアクセス法でもある。同法律は2002（平成14）年に改正され，特定建築物の範囲が拡大され，一定要件の建築物についてはバリアフリー対応が義務付けられた。

ハートビル法の特徴として，建物の利用を不可能としている障壁の除去を目的とした「基礎的基準」と特段の不自由なく建築物を利用できるようにすることを目的とした「誘導的基準」をもち，特に誘導的基準については，ADA (Americans with Disabilities Act of 1990) に類似した数値目標が設定されたことがあげられる［荒木，1997：70］。また，その基準をクリアしている場合には費用補助，税制特例，融資等による助成措置を講ずるとしている。特定建築物とは病院，劇場，観覧場，集会場，展示場，デパートなど不特定の人が利用する建物や，不特定でなくとも多数の人が利用する学校，事務所，共同住宅等の建築物となっている。それら特定建築物の家主には最低基礎的基準に適合させるように努力義務を課しており，それに対して都道府県知事は必要な指導や助言をすることができる。なお，延べ床面積が2,000平方メートルを超える一定規模以上の建築等をする者は，バリアフリー対応に係る利用円滑化基準に適合させなければならないものとしている。

これらは，日常の生活で利用する建物の中ばかりでなく，旅館やホテル，入浴施設や観光施設なども含まれている。三重県鳥羽市にある「ホテル桂川」は旅館としてのハートビル法認定第1号として知られている。

交通バリアフリー法

　高齢者，身体障害者等の公共交通機関を利用した移動の利便性・安全性の向上を促進することを目的とし，2000（平成12）年11月15日に交通バリアフリー法が施行された。正式には，「高齢者，身体障害者等の公共交通機関を利用した移動の円滑化の促進に関する法律」という。この法律の目的は，①鉄道駅等の旅客施設及び車両について，JRやバス会社など公共交通事業者によるバリアフリー化を推進する，②鉄道駅等の旅客施設を中心とした一定の地区において，市町村が作成する基本構想に基づき，旅客施設，周辺の道路，駅前広場等のバリアフリー化を重点的・一体的に推進することである。

　基本方針は次の通りである。①移動円滑化の意義及び目標，②移動円滑化のために公共交通事業者が講ずべき措置に関する基本的事項，③市町村が作成する基本構想の指針等があげられている。また，公共交通事業者が講ずべき措置として，公共交通事業者に対し，鉄道駅等の旅客施設の新設・大改良，車両の新規導入の際，この法律に基づいて定められるバリアフリー基準への適合を義務付けている。なお，既存の旅客施設・車両については努力義務としている。

　市町村はこの基本方針に基づいて一定規模の旅客施設を中心とした一定の地区において旅客施設，道路等のバリアフリー化を重点的・一体的に推進するため，基本構想を作成した。なお，一定規模の旅客施設として，鉄道の駅については，1日の利用者数が5,000人以上であること，または相当数の高齢者，身体障害者等の利用が見込まれることなどが挙げられている。一定の地区の範囲とは旅客施設から徒歩圏内を想定しており，概ね旅客施設から500メートルから1キロメートルの範囲と定められている。公共交通事業者，道路を管理する国や県，そして都道府県公安委員会が，基本構想に従ってそれぞれ具体的な事業計画を作成し，バリアフリー化のための事業を実施する。なお，基本構想として，①目標時期，②重点的に整備すべき地区（鉄道駅および周辺の福祉施設，病院，官公庁等を含む地域），③整備を行う経路，整備の概要があげられており，具体的には，エレベーター，エスカレーター等の設置，使いやすい券売機

の設置，低床バスの導入，歩道の段差解消，視覚障害者用信号機の設置，地方公共団体等は，駅前広場，通路，駐車場等について，基本構想に従ってバリアフリー化を実施する。その他，国，地方公共団体の支援措置や，必要な情報の提供などについても定めている。

　この法律の制定にともなって，バスや電車といった公共交通機関での移動がしやすくなり，生活がしやすくなるばかりでなく，旅行しやすい社会になることが重要な点であろう。

身体障害者補助犬法

　身体障害者補助犬には，視覚障害者の誘導をする盲導犬，聴覚障害者の耳の代わりをする聴導犬，そして肢体不自由者の動作を介助する介助犬がある。聴導犬は，耳の不自由な人のために耳の代わりをする犬で，電話の呼び出し音や車のクラクションなど，生活に必要な音が聞こえると知らせてくれる。介助犬は，体の不自由な人を助けて床に落ちた物を拾って運んだり，ドアの開け閉めを手伝ってくれる犬である［有馬，2003：22］。旅行の場面において，宿泊施設や飲食店ではこれら介助犬を同伴した入店を拒むケースが少なくなかった。これは，介助犬や聴導犬については，法的な位置づけがなく，ペットと同様に扱われていたことが大きな理由であった。これらの状況を踏まえ，2002年10月に「身体障害者補助犬法」が施行された。同法は，第1条において，介助犬などの育成体制を整備し，円滑な利用と普及を後押しすることによって，障害者の自立と社会参加の権利を拡大することを目的とする［身体障害者補助犬法］。同法では盲導犬，介助犬，聴導犬の3種類を「身体障害者補助犬」と定め，公共施設や公共交通機関での受け入れを義務化した。さらに，2003年10月からは不特定多数の人が利用する民間施設でも，やむを得ない場合を除き補助犬の同伴を拒否できなくなった。また，職場の事業主や賃貸住宅の家主に対し，補助犬を拒まないよう努力義務を規定した。補助犬の使用者には，犬の衛生状態の確保や十分な管理に努めるよう求め，優秀な補助犬を確保するため，指定法人による補助犬の公的認定制度を導入した。

図6-1　ほじょ犬シールと補助犬同伴可のステッカー

　スーパーやデパートで「welcome補助犬」や「補助犬同伴可」と書かれたステッカーを目にすることがあるだろう。この法律の制定により，補助犬とともに行動している障害者が入店拒否されたりせず，自由に旅行できるようになった点が大きな効果である。

(2) 障害者白書と観光白書

　1994年12月8日，わが国ではじめて『障害者白書』が刊行された。障害者基本法第9条によって「障害者のために講じた施策の概況に関する年次報告書」として国会への報告が義務付けられたからである。2002（平成14）年までに毎年発行された障害者白書では，それぞれに副書名が冠され，そのテーマごとにまとめられている。それぞれの内容を概観する（表6-2）。
　1995（平成6）年に刊行された『障害者白書』では，副題を「バリアフリー社会を目指して」として，障害者が社会生活を送る上での各種障壁の除去のための福祉の街づくりやバリアフリー化の変遷及びその取り組みが整理された。白書では，障害者が社会生活を送る上で①公共交通機関，建築物等における物

理的な障壁，②資格制限等による制度的な障壁，③点字や手話サービスの欠如による文化・情報面の障壁，④障害者を庇護されるべき存在として捉える等，の意識上の障壁の四つの障壁があるとしている。この指標は，障害者旅行の調査や見学を行ううえで有効な指標となるだろう。平成8（1996）年版では，「障害者プランの着実な推進」をテーマとし，平成7年に策定された「障害者プラン」の経緯・概要及び市町村障害者計画の策定状況，精神障害者の福祉施策の充実等を盛り込んだ精神保健法の改正が報告された。平成9（1997）年版では，「生活の質的向上をめざして」をテーマとし，広く国民に障害のある人びとが行うスポーツ・レクリエーション等に対する理解を深めてもらうため，障害のある人びとが行うスポーツ・レクリエーションとパラリンピック競技大会について歴史的経緯を踏まえて整理された。平成10（1998）年版では，「情報バリアフリー社会の構築に向けて」という副題で，障害のある人が高度情報社会の利便を享受できるようになるため進められている様々な研究開発・施策等が紹介された。平成11（1999）年版は，「ノーマライゼーションの世界的展開」と題し，障害者施策に関する国際機関の活動や我が国の国際貢献の状況がまとめられている。平成12（2000）年版では，「バリアフリー社会を実現するもの作り」と題し，ノーマライゼーションの理念を実現するためのバリアフリーの推進を，私たちの生活に欠かせない用具・物品の面から考察している。平成13年（2001）版は，「障害のある人とIT」との関係について取り上げ，障害のある人も障害のない人も同じようにIT革命の成果を享受できる情報バリアフリー社会を実現する上で解決すべき問題点や今後に向けた課題について分析考察された。この白書は，国によって障害者施策がどのようにおこなわれてきたのかを知る上で重要な資料である。

　さらに，1964（昭和39）年から毎年発行されている観光白書において，1996（平成8）年版から「障害者等の円滑な移動の確保」と題し，公共交通機関，宿泊施設，文化施設等及びその他観光関連施設において，高齢者・障害者等の円滑な移動を確保するため，エスカレーター・エレベーターの設置等の施設の整備改善などのバリアフリー化を推進，運賃の割引措置等を講じたという内容

で取り上げられるようになった〔観光白書〕。さらに，1999（平成11）年版より「高齢者・障害者等の円滑な移動の確保」と高齢者を意識した内容になった。

表6-2　障害者白書のタイトルと副題

巻号	各年副書名
平成6（1994）年版	新しい枠組みによる施策の新たな出発
平成7（1995）年版	バリアフリー社会を目指して
平成8（1996）年版	障害者プランの着実な推進
平成9（1997）年版	生活の質的向上をめざして
平成10（1998）年版	「情報バリアフリー」社会の構築に向けて
平成11（1999）年版	ノーマライゼーションの世界的展開
平成12（2000）年版	バリアフリー社会を実現するもの作り
平成13（2001）年版	障害のある人とIT ～ITが拓く新たな可能性～
平成14（2002）年版	障害者対策に関する新長期計画の10年を振り返って

(3) 地方自治体のとりくみ

　障害者の旅行にとって，地方自治体の役割について考えてみよう。それは条例を制定するだけではなく，移動しやすい街づくりや観光地を整備することである。つまり，旅行したときに，どれだけうごきやすい街なのかが重要であろう。はじめに，これまでの地方自治体におけるとりくみを外観しよう。1969（昭和44）年に宮城県仙台市で一人の障害者と一人のボランティアの間の話から始まった「福祉のまちづくり」は，1970（昭和45）年に大阪市で開かれた万国博覧会での施設改善をきっかけに障害者に使いやすい生活環境づくりのキャンペーンが全国的に展開された。この結果，東京都葛飾区・福島県郡山市・京都市・西宮市・神戸市など全国各地の障害者が自発的な障害者生活圏拡大運動に取組み始めた。まちづくり運動は，このように市民運動から発生したものであるが，東京都町田市は，「地元」に市民の目を向けさせなければ「自分たちの町」意識が育たないことを憂慮して，1971（昭和46）年にまちづくりの専門

家と共に15人の市民による市民懇談会を結成した。この活動の一環として「車いすで歩けるまちづくり」を掲げて活発な運動を展開した。

　福祉環境に関連する条例の最初の動きは神戸市であった。1977（昭和52）年「神戸市民の福祉をまもる条例」を制定し，その中で都市施設の整備を規則に委ねている。しかし，神奈川県では，1990（平成2）年10月から県建築安全条例を改正した。改正の趣旨は，いうまでもなく高齢者や障害者が建築物を安全かつ快適に利用できるように「国際シンボルマーク」の交付条件を目安に特殊建築物に対して建築基準法で制限を付加することが大きな目的となっている。しかし，法に定められた建築物以外には言及されず，従って日常生活上重要な建築物が対象外となったり，交通機関・道路・公園等は対象外になってしまうのである。これでは不十分ということで，「福祉のまちづくり条例」を策定する自治体が多く見られるようになった［野村，1994：2］。

　これらはそこで生活する住民のためにおこなわれたものであるが，岐阜県高山市はその対象を観光客にも広げ，「福祉観光都市」と称するまちづくり活動をおこなっている。

事例6-3　福祉観光都市　高山市

　岐阜県高山市では，市行政当局から「福祉観光都市構想」が提案された。これは市長あるいは市当局の政策を主導として，行政が総合的施策を展開する一方で，市民側の諸活動が組み合わされることによって，市全体がユニークな福祉プラス観光の都市構想を展開することになったケースである。観光客という市外の人びとと，住民という市内の人びととの両者に心地よい都市空間が形成され，さらに障害者と健常者，青壮年者と高齢者といった人びととを結合する都市環境の再生の可能性を示している。

　高山市発行の資料によれば，福祉観光都市について以下のように定義している。「高山市は誰もが住みやすく，住みたくなるような落ち着いた定住環境と，にぎわいのある交流環境を整備し，市民一人ひとりが誇りと生きがいを持てるまちづくりを進めています。障害者施策につきましても，全ての人びとが共に

等しく地域で学び，働き，そして豊かに暮らすことのできる社会が本来の社会であるという『ノーマライゼーション』の考え方を基本理念とし，障害をもった人が可能な限り地域の中で暮らしができるよう，施設福祉をはじめ地域福祉・住宅福祉を充実させ，そして自立と社会参加が自主的にできるように，より一層の障害者福祉施策を推進しています。実践的理念としては，障害者の機能回復にとどまらず，自立と参加をめざすリハビリテーションと，段差など障害者の障壁の除去というハード面での整備だけでなく，社会的，制度的，精神的バリアの除去を目的としたバリアフリーのまちづくりというものです。」

　高山市では市長の方針に従って，行政面では市の各課が，課の壁を越えて総合的なバリアフリー都市政策に取り組んできた。具体的な施策としては，以下のものがあげられる。①道路の段差解消：生活環境整備の一環として，車道と歩道との段差の解消や交差点の改良を進めた。②車いす用トイレの設置：市内の公衆トイレおよび公的施設，ホテル，旅館を含め80ヵ所に，車いす利用者用のトイレを設置。市の人口6万7千人からすると，全国で最も密度の濃い設置数となっている。また，既設の公衆トイレも手摺等の設置をすすめた。③蓋の整備：水路の多い市内道路が車いすに支障のないように，金属製暗渠蓋（グレイチング）を格子の細かい製品に交換。④福祉バス「ノラマイカー」の運行：市民，特に高齢者や障害者が低料金で利用できる巡回バスを市内8ルート運行。それぞれ1日に4便運行されている。全線100円（乳幼児無料）で観光客も利用できる。⑤車いす「お出かけマップ」発行：車いす利用者のための観光マップ。観光施設・宿泊施設・みやげ店・飲食店などがイラスト入りの地図に，車いす用トイレ，駐車場，避難所などが記入されている。⑥市営駐車場の割引：障害者が運転または同乗する車両を駐車するときは，手帳の提示により駐車料金を免除する。といったものである。

　障害者旅行を受け入れる側のうごきは1990年代になると急速に発達し，さらに，さまざまな法律の制定などが追い風となって，いまなお活発化している。しかし，人件費や特別な設備が必要な場合，一般の旅行よりも経費がかかる面

は否めない。しかし，福祉のための旅行ではなく，個人の旅行者として障害者が扱われるようになってきたこのながれには大きな意味があるだろう。

　また，時を同じくして，さまざまな障害者，そしてバリアフリーに関する法律が制定され，地方公共団体も，障害者が暮らしやすいように，旅行しやすいようにさまざまな施策を講じた。このようなことが，わが国において，障害者の旅行が活発化する追い風になったことも事実である。

第7章　世界の動向

　第5章では障害者旅行への着目，第6章では障害者旅行への対応について，日本のうごきを概観してきたが，これらの背景には本章で紹介するような世界的なうごきがあった。本章ではまず，国際連合による世界的なうごきについて，国際障害者年，アジア太平洋障害者の十年といった世界全体を動かした運動について（1節），2節では広く世界的に広まったバリアフリー，ユニバーサルデザインといった考え方，現在ではあたりまえに使用されている国際シンボルマークについて，そして，なによりも日本中を驚かせ，感動させたのは長野パラリンピックにおける日本選手たちの活躍に着目する。障害を持ちながら高い身体能力を発揮し，座った形でのスキーで滑走する姿に，日本中が拍手を送り，彼らの戸外での活動を認知するようになった。この点にも注目し論じよう（3節）。

1節　国際連合

　1971年の「精神障害者の人権宣言」において，国際連合（国連）の決議で初めて障害者政策が登場した。その背景には，1960年代のアメリカにおける公民権運動，フェミニズム運動，リハビリテーション法の改正があったのである［竹前ほか，2000：22］。

　さらに，国連では，1975年の総会「障害者の権利宣言」決議において，以下の権利が具体的に宣言された。すなわち①年齢相応の生活を送る権利，②他の人びとと同等の市民権及び政治的権利，③可能な限り自立できるための各種施策を受ける権利，④医療，教育，職業訓練，リハビリテーション等のサービス

を受ける権利，⑤経済的・社会的保障，一定の生活水準の保持及び報酬を得られる職業従事の権利，⑥特別のニーズが考慮される権利，⑦家族と共に生活する権利，⑧搾取や虐待から保護される権利，⑨人格・財産保護についての法的な援助を受ける権利である。

(1) 国際障害者年

　国連の「障害者の権利宣言」やノーマライゼーションの具体化を目指した国際的行動をとることが国際障害者年（International Year of Disabled Persons：IYDP）であった。障害者の権利宣言の翌年に国連が調査したところ，宣言が母国語に翻訳された国はなく，権利宣言の存在すら周知されていない国々がほとんどであった。このため5年後の1981年を「国際障害者年」として国際的行動を実施すること，さらに「障害者に関する世界行動計画」を1982年に国連総会で決議した。この世界行動計画では，障害者の「完全参加と平等」を目標とし，障害者が社会生活に完全参加し，障害のない人と同等の生活を享受する権利の実現を目指した。

　この計画を推進するため，1983年から1992年の10年間を「国連・障害者の十年」と宣言し，各国での積極的な障害者対策の推進を提唱した。目標達成のためには，障害者個人に向けられたリハビリテーション方策のみでは限界があることと，参加と平等は障害者の権利であると同時に義務であることが強調されている。

　わが国では，国際障害者年の目指した理念や障害者問題の啓発は，国や地方公共団体，民間団体，マスメディアを通じて非常に活発に行われた。その中で1982年には，啓発広報活動，保健医療，教育・育成，雇用・就業，福祉・生活環境を内容とする「障害者対策に関する長期計画」を発表した。政府各省をはじめ各地方公共団体はこれに準拠して政策が推進された。

(2) アジア太平洋障害者の十年

　国連障害者の十年が終了する1992年4月，国連アジア太平洋経済社会委員会

(United Nations Economic and Social Commission for Asia and the Pacific：略称ESCAP）は，北京での総会において「アジア太平洋障害者の十年」を日本を含む33か国の共同提案に基づき決議した。これは，「国連障害者の十年」がスローガンとした「完全参加と平等」がアジアの発展途上国では十分に達成されていないという認識にたち，こうした地域でも，より効果的に実現されることを目的としていた。なかでも，障害者組織や自助能力が強調され，障害者を単に福祉の対象としてではなく，自立のための活動の主体として位置づけられたことや障害者自身による移動や活動を重視していることが重要なポイントである。さらに，中間年にあたる1997年，ソウルにおいて高級事務レベル会議を開催し，「アジア太平洋障害者の十年の後半へのソウル提言」を採択した。また，1998年には，この「十年」の評価と今後の活動について議論する会議を滋賀県大津市で開催した。また日本の主唱により，「アジア太平洋障害者の十年」が更に10年延長されることになった。

(3) 障害の分類

多種多様な障害に関して，国際的な分類，規準を設定するうごきは1970年代にはじまり，1980年に世界保健機構（WHO）から国際障害分類案（International Classification of Impairments, Disabilities and Handicaps）が発表された［厚生省，1997］。それによれば，障害をインペアメント，ディスアビリティ，ハンディキャップの3段階で捉えることができるとしている。はじめに，インペアメント（impairment）は，もともと「損傷」という意味を持つ言葉で「機能障害」を意味し，生物学的にみた障害，肉体的あるいは精神的な欠損や機能不全を指す。その人一人ひとりがもつ「状態」ということである。交通事故によって右足を失ったとか，視力を失ったということがインペアメントである。

ディスアビリティ（disability）は，何らかのインペアメントを持った人が何かを行う場合に生まれる障害を指す。例えば交通事故によって右足を失うことにより，歩くことが困難である状態がディスアビリティである。同様に，視

力を失うことによって、ものを見て判別することができない目が不自由な状態もディスアビリティである。「～ができない」というディスアビリティを持った人が社会に出たときに、今度はいろいろな社会的障害が発生してくる。車いすを利用しているため段差が通過できないとか、耳が不自由なので電話が使えないといったものがハンディキャップ（handicap）にあたる。

ディスアビリティはインペアメントによって生じる個々の人間レベルの能力制限、ハンディキャップはインペアメントやディスアビリティをもつ個人と環境との相互作用によって生じる社会的レベルの不利である。インペアメントの軽減を図るためには、保健・医療の果たす役割がきわめて大きく、ディスアビリティの軽減を図るためには、保健・医療に加えて福祉・教育の果たす役割は大きい。これに対して、ハンディキャップの軽減には、専門家だけでなく、世の中のすべての人びとが関わることが不可欠である。また、その人たちのディスアビリティ自体を障害とするのではなく、それによる社会との不利益、すなわちハンディキャップを「社会的障害」と定義づけ、さまざまなディスアビリティをもつ人が旅行する場合にどのようなものが障害となっているのかを検証していく必要があるだろう。

(4) 国際障害分類案の改訂

WHOでは、2001年5月の第54回総会において、国際障害分類案の改訂版として国際生活機能分類（International Classification of Functioning, Disability and Health）」を採択した。国際生活機能分類は、人間の生活機能と障害に関して、アルファベットと数字を組み合わせた方式で分類するものであり、人間の生活機能と障害について「心身機能・身体構造」「活動」「参加」の三つの次元及び「環境因子」等の影響を及ぼす因子で構成されており、約1,500項目に分類されている。これまでの国際障害分類案が身体機能の障害による生活機能の障害や社会的不利を分類するという考え方が中心であったのに対し、国際生活機能分類はこれらの環境因子という観点を加え、例えば、バリアフリー等の環境を評価できるように構成されている。障害や疾病を持った人やその家族、

保健・医療・福祉等の幅広い分野の従事者が，この分類を用いることにより，障害や疾病の状態についての共通理解を持つことができることや，様々な障害者に向けたサービスを提供する施設や機関などで行われるサービスの計画や評価，記録などのために実際的なものを提供することが期待されている。このような考え方は，今後，障害者はもとより，全国民の保健・医療・福祉サービス，社会システムや技術のあり方の方向性を示唆しているものと考えられる［障害者福祉研究会編，2002：23］。

2節　バリアフリーとユニバーサルデザイン

　私たちは，バリアフリー，ユニバーサルデザインということばをよく耳にするが，いったいそれはどんな意味がありいつごろから使われだしたのだろうか。また，ノンステップバスや公共の建物でよく目にする車いすをデザインした国際シンボルマークとはいったい何なのかについて述べよう。

(1)　バリアフリー

　第二次世界大戦後，医学の進歩によって，疾病や事故や戦争による障害者の生存率が高まる一方，リハビリテーションの社会心理的側面や物的環境や補助器具の質の向上が障害者のニーズに追いつかず，リハビリテーションの達成が阻まれて，障害者問題が顕在化してきた。このような中で，先進諸外国は，1960年代から障害者配慮設計に関する基準化の動きを開始した。アメリカ合衆国では，全米建築基準協会（ANSI）が1961年に世界で最も早く「身体障害者にアクセスしやすく使用しやすい建築・施設設備に関するアメリカ基準仕様書：American Standard Specifications For Making Buildings and Facilities Accessible to, usable by the Physically Handicapped」を作成した。その後，1963年，イギリスにおいて，「Accessible for the Disabled to Buildings」，1965年にはカナダにおいて「Buildings Standards for the Handicapped 1965」が刊行

された。また，1974年に国連専門会議報告書「バリアフリーデザイン」が出版されてから，バリアフリーという言葉が一般的に使用されるようになった。日本では，前述した1994年に障害者白書の中でこのことばが紹介されてから，一般的に知られるようになった。

(2) ユニバーサルデザイン

ユニバーサルデザイン（Universal Design：UD）はアメリカのノースカロライナ州立大学のロナルド・メイス（Ronald Meice）によって提唱された。自身も身体に障害をもつロナルドは，1980年代それまでのバリアフリーの概念に代わって，「できるだけ多くの人が利用可能であるように製品，建物，空間をデザインすること」をユニバーサルデザインとして定義した。ユニバーサルデザインは，「すべての人が人生のある時点で何らかの障害をもつ」ということを発想の起点としている点で，それまでのバリアフリーデザインとは大きく異なる。そこには，かわいそうな人のために何かしてあげようという慈善ではなく，障害の部位や程度によりもたらされる障壁に対処するのがバリアフリーデザインであるのに対し，ユニバーサルデザインは障害の有無，年齢，性別，国籍，人種等にかかわらず多様な人々が気持ちよく使えるようにあらかじめ都市や生活環境を計画する考え方である。都市空間であれば，誰もが歩きやすいように電柱を地下に埋設した道路，多言語表記のわかりやすいサインなどがあげられる。建物であれば自動ドアや多目的トイレ，日用品であれば，テレホンカードの切り込みやシャンプー容器のギザギザが，ユニバーサルデザインの代表例である。これらを研究することは，障害者旅行論を研究する上でのベースになり，欠かすことができない大切な課題であるだろう。

(3) 国際シンボルマークの普及

街を歩くと，ビルのスロープやノンステップバスに車いすをかたどった水色のステッカーを多く見つけることができる。このマークは，国際シンボルマーク（International Symbol of Access）とよばれ，障害者にも住みやすいまちづく

りを推進するため，国際リハビリテーション協会（Rehabilitation International：RI）により1969年に採択されたものである（図7-1）。以来シンボルマークとその正しい使用法を普及させるため，RIを中心とした国際的な取り組みが続けられている。わが国では，前述した国際障害者年を契機に障害者問題への関心が高まり，このマークが広く使用されるようになった。RIでは，このマークがもつ意味を「障害者が利用できる建築物，施設であること」としており，障害者が利用できる公共輸送機関にも使用することができる［日本障害者リハビリテーション協会，1993］。

また，視覚障害者，聴覚障害者の国際マークとして次のものがあげられる。まず視覚障害者の国際マーク（図7-2）は，世界盲人連合（World Blind Union：WBU）が，1984年10月，サウジアラビアのリヤドで開催した設立総会時に採択したものである。WBUによれば，「このマークを手紙や雑誌の冒頭に，あるいは歩行用に自由に使用してよい。色はすべて青にしなければならない」としている。また，聴覚障害者の国際マーク（図7-3）は世界ろう連盟（World Federation of Deaf：WFD）が，1979年ブルガリアで開催した総会時決定したもので，1980年に一般に紹介されてからは，いくつかの国で定期刊行物やポスターに使用され，ろう者が通訳その他のサービスを受けられる場所でも使用されている。なおRIは，これらのマークを使う際には国際シンボルマークと併用するようにという見解を出している。このマークを掲示することにより，いわゆる「情報のバリアフリー」を解消する手段として活用できる。

図7-1　国際シンボルマーク

図7-2　視覚障害者の国際マーク

図7-3　聴覚障害者の国際マーク

3節　パラリンピックへの注目

　障害者がスポーツをしている姿を見ることの多くなかった人びとにとって，パラリンピックという国際大会で高い身体能力を示して，次々にメダルを獲得する選手たちの映像は，大きなインパクトとなった。それは，外に出て活発にスポーツする障害者のイメージを再確認するきっかけになったのである。
　簡単に，パラリンピックについて説明しよう。パラリンピックとは，夏期，冬季とも五輪に引き続いて行われる障害者スポーツの最高レベルの大会の名称である。当初は，下半身マヒ者を意味するパラプレジア（Paraplegia）とオリンピック（Olympic）をつなげた言葉だったが，現在は「もうひとつの」という意味のパラ（Para-)とオリンピックをつなげた言葉とされている。英国の医師が，「スポーツが身体障害者のリハビリテーションに有効な治療手段」であると提唱したことがきっかけでスタートした。1960年のローマ大会より，原則としてオリンピックと同じ開催都市で開かれることになった。1976年からは

冬季大会も開催されるようになった。

(1) パラリンピック長野大会

　1998年，長野で冬季オリンピック大会が開催された直後，長野冬季パラリンピック大会が開催された。冬季パラリンピック大会としては初めて，ヨーロッパ以外での開催であり，大会参加国は，障害者スポーツが普及している欧米をはじめ，アジア，アフリカを含めた32カ国に広がり，571選手が参加した［中村，2002：168］。

　日本選手団は，冬季大会史上最多の選手69人，役員71人であった。34年前（1964年）の東京パラリンピックではオリンピックと同じ会場での開会式が実現しなかったが，長野パラリンピックでは見事実現し，長野市のエムウエーブでおこなわれた。しかも国内では初の有料障害者スポーツ大会であったが，入場券は開会式1週間前には完売した。

　開会式翌朝のNHKニュースでは，トップで日本選手のメダル獲得を報道した。新聞でも，一面に写真入りで報道され，とりあげられたのは社会面ではなくスポーツ面であった。テレビの報道番組もスポーツコーナーで放送し，スポーツ新聞にも連日の結果が大きな記事となった。このような報道は閉会式まで続いた［同上書：168］。

　このとき，スキーで目をみはる活躍によって，日本の話題の中心になったのが大日方邦子であった。大日方は3歳のときに交通事故にあい，右足を失い左足にも障害を負った。高校2年のときにチェアスキーを始め，1994年に第1回ジャパン・パラリンピック冬季大会において大回転1位となった。1996年4月にはNHKに入局し，現在は番組制作局の教育番組部ディレクターをしている。なお，チェアスキーとは，スキーをするための車いすのようなもので，1本のスキーの上にセットし，それに乗り込んで滑る。冬季パラリンピック長野大会では，アルペンスキー競技において，滑降1位，スーパー大回転2位，大回転3位という輝かしい記録を残した。

(2) 障害別のクラス分け

　パラリンピックでは，選手の競技条件を公平にするため，障害別にクラスを分け，クラスごとに順位を決める。同じ競技でありながら複数の金メダリストが誕生することがあるのはそのためである。クラス分けは選手たちの順位に大きな影響を与えるため，大会運営上最も重要な作業の一つである。各選手団からの抗議を受けて再度判断する委員も設けている［信濃毎日新聞］。障害者スポーツ創設期から，1970年代までは，クラス分けは，医学的立場から評価し，決定されていた。この場合，クラス分けの根拠は，切断の場所や麻痺の状態であったので，医師の診断が決め手となり，医学委員会が絶対的な権限をもっていた。しかし，1980年代になって機能的クラス分けという考え方が始まってきた。これは競技する選手の障害に基準を置くのではなく，その選手の競技における運動機能に着目してクラス分けをするという考え方である［同上書：56］。冬季大会の競技では，身体障害をあらわすLW（Locomotive Winter），視覚障害はB（Blind）知的障害を示すID（Intellectual Disability）があり，LWとBクラスはさらに障害の程度や部位で区分する。大日方が出場したアルペンスキーを例にして説明すると，以下のとおりになる。参考までに，大日方のクラスは，LW12/2である。

表7-1 アルペンスキー競技のクラス分け基準

クラス	障害の程度	競技方法
LW1	両下肢に重度の障害を持つ選手（例：両大腿切断）	2本のアウトリガー（またはストック）+1本あるいは2本のスキー板を使用
LW2	片下肢に重度の障害を持つ選手（例：片大腿切断）	2本のアウトリガー（またはストック）+1本のスキー板（※例外あり）を使用
LW3/1	両下肢に障害を持つ選手（例：足首関節以上の両下腿切断）	2本のアウトリガー（またはストック）+2本のスキー板を使用
LW3/2	両下肢に障害を持つ選手（例：中度から軽度の両麻痺）	2本のアウトリガー（またはストック）+2本のスキー板を使用

LW4	片下腿に障害を持つ選手（例：片下腿切断）	2本のストック＋2本のスキー板を使用
LW5/7	両上肢に障害を持つ選手（例：両腕切断）	ストックなしで2本のスキー板を使用
LW6/8	片上肢に障害を持つ選手（例：片腕切断）	1本のストック＋2本のスキー板を使用
LW9/1	片上肢および片下肢に重度の障害を持つ選手（例：片上肢および片大腿切断）	自ら選択した用具を使用
LW9/2	片上肢および片下肢に障害を持つ選手（例：片上肢および片下腿切断）	自ら選択した用具を使用
LW10	下肢に機能障害を持ち，座位バランスの機能がない選手（例：頸髄損傷）	チェアスキーを使用
LW11	下肢に機能障害を持ち，座位バランスが中程度の選手（例：脊髄損傷）	チェアスキーを使用
LW12/1	下肢機能障害を持ち，座位バランスが良好な選手（例：脊髄損傷）	チェアスキーを使用
LW12/2	下肢切断の選手（例：両大腿切断）	チェアスキーを使用
B1	視力0から，光を感じられる程度の選手	
B2	視力が0.03までか視野が5度まで，あるいはその両方の選手	
B3	視力が0.1までか視野が20度まで，あるいはその両方の選手	

(3) パラリンピックの反響

　大会開催後，日本身体障害者スポーツ協会や各地の障害者スポーツセンターに，「自分も障害者スポーツをやってみたい」などの問い合わせが殺到したという。また，長野冬季パラリンピックの公式サイトへのアクセスが，開会式後に日増しに急増し，1日あたりのヒット数が100万件を越えるようになった［朝日新聞，1998.3.13］。

　NHKは開会式を衛星放送で生放送し，毎日15分間「パラリンピックアワー」で結果を放映していたが，競技の中継はしていなかった。しかし視聴者の要望が強いため，当初は放送予定のなかった閉会式を急遽，衛星放送と教育テレビで生中継することになった。

　日本の獲得したメダルは金12，銀16，銅13であった。日本選手の活躍を伝え

るマスコミの報道により，いきいきとした選手の活躍を知り，啓発されて，障害者スポーツに目覚めた障害者も多く，2年後のシドニーに選手として出場した選手もあった［中村，2002：170］。

　スポーツをきっかけに障害者が動き出すという点で，このパラリンピック大会は大きな成果をあげたといえるだろう。それだけではなく，われわれは障害の有無にかかわらず人間は自らの目標に向かい，志しある方向に向かって活動する存在であることを認識させられた。それはスポーツだけではなく，旅行やさまざまな活動に対してもあてはまるのではないだろうか。

　国連を中心に世界的なうごきがみられたのは1980年代のことであり，この背景にはあとで述べるが障害者が自立するという考えがあったからである。また，バリアフリーやユニバーサルデザインといった考えは障害者の生活，そして旅行の後押しをした。そのような中で，パラリンピックは人びとに感動をあたえるだけではなく，障害者が自立的に活躍している姿を全世界に伝えた。

第8章　障害者旅行注目の要因

　ここまでに紹介したような状況やできごとが日本および世界において出現しており，障害者の旅行が確かに現代の課題になっていることは理解できよう。つぎに，なぜこのように障害者の旅行が注目されたのか，またその理由についてわれわれは考えなければならないだろう。この問いに対して，二つの論点，すなわち，障害者自身が自立した生活をしていく運動，そしてさまざまな運動のなかから確立されていった障害者の人権といった側面から理解することが可能である。なぜなら，障害者が現在のように旅行をし，社会参加できるようになったプロセスには，この二つの視点が重要な要素であったからである。まず1節は自立について論じ，アメリカと日本からうまれた自立生活運動について紹介する。また，人権思想の広がりといった観点から，ノーマライゼーション（Normalization）から公民権運動，そして障害者のさまざまな権利を保障していったアメリカの法律について述べる（2節）。

1節　自立

　はじめに，自立という視点からアプローチすることにしよう。
　ところで，自立とはどのようなことをさすのか。『現代社会福祉事典』によれば，「自立という言葉は，ほかからの援助を受けないで独立した経済生活を営むこと，身体に障害をもちながらも他人の介助を受けないで独立した日常生活を営むこと，というのが通常の解釈であるが，アメリカの independent living の訳語として用いられる自立生活は，労働力としての社会活動を期待できない重度障害者が，社会の一員として意義ある自己実現と社会参加を果たそ

うとする主体的努力を,社会的に位置づけようとする生活概念である」と説明されている[現代社会福祉辞典,1989:288]。

自立に関してはさまざまな議論があるが,ここでは障害をもった人たちが自立していく運動そのものを紹介していくことにする。1節では,アメリカからはじまる重度障害者の自立生活運動について,2節では日本独自にすすめられた障害者運動について述べよう。

(1) アメリカにおける障害者運動の展開

アメリカでは建国以来,白人男性中心の社会が形成され,黒人や女性,そして障害者などマイノリティーが差別的処遇を受けていた。後述するが,黒人や女性は差別的処遇に対し公民権運動によりアメリカ社会へと訴えた。そのような中,1960年代になると,障害者自身が自立するための運動をはじめた。そのうごきはアメリカから世界へと波及していった。

自立生活運動とアメリカ

1962年,アメリカのカリフォルニア州立大学バークレー校に,ポリオで人工呼吸器を常時使用しているエド・ロバーツが入学した。彼の学習や生活を支える過程で,さまざまなノウハウが生み出され,1968年には連邦政府の基金を使って障害学生プログラム(Disabled Students' Program:DSP)が提供されるようになった。このプログラムを通して,さまざまな障害のある学生が高等教育をうけられるようになった。さらに,1972年には「自立生活センター」(Center for Independent Living:CIL)がカルフェルニア大学バークレー校に設立される。これは,卒業後に地域で暮らすために必要な介助等のサービスが提供されなかったからである[長瀬,2000:51]。彼らが掲げた思想は,次の四つの柱からなっていた。

① 障害者は「施設収容」ではなく「地域」で生活すべきである。
② 障害者は,治療を受けるべき患者でもないし,保護される子供でも,崇拝されるべき神でもない。

③ 障害者は援助を管理すべき立場にある。
④ 障害者は，「障害」そのものよりも社会の「偏見」の犠牲者になっている。

　これまで障害者はリハビリテーションという名のもとに，健常者にできるだけ近づくことを一生の目的として課されてきた。例えば衣服の着脱に2時間かけても他人の手を借りずにすることがリハビリテーションでは評価されたが，自立生活の思想においては，介助を受けることは恥ずかしいことでも主体性を損なうものでもなく，自らの意志によって選択し，決定することが重要であることが宣言されている。リハビリテーションは期間を限った医療行為であり，障害者の生活を生涯管理すべきものではないと主張したのである。この自立生活センターの初代所長としてエド・ロバーツが就任した。つまり，障害者自身の主導権で運営されるようになったことである。この時点までアメリカでは障害者へのサービスの主導権は施設や病院，リハビリテーションセンターの障害のない，サービス提供を職とする人が握っていた［同上書：51］。バークレーでスタートした自立生活運動（Independent Living：IL）は，瞬時に全米に広まり，同年にはヒューストン，1974年にはボストンと急速に発展した［八代ほか，1991：320-322］。

　1978年には自立生活センターに転機が訪れた。連邦議会でロバーツが参考人として証言し，リハビリテーション法504条が改正された。連邦リハビリ局が各州を通じて，各自立生活センターに運営補助金を提供することが制度化されたのである［同上書，320-322］。この法律により，米国自立生活センターの資格要件，連邦政府の補助金を受けるための資格要件は，次のように規定された。

① 運営委員の51％は障害者であること
② 重要な決定を下す幹部の1人は障害者であること
③ 職員の1人は障害者であること
④ 総合的なサービスを提供すること

　1999年9月，ワシントンDCで世界50ヵ国から障害者のリーダー100人以上を集めて，歴史上初めての自立生活運動の世界会議が開催された。自立生活セン

ターの世界連合がついに完成したのである［中西，2000：34］。

この運動は，障害者が地域の中で自立的に生活し，自らの意思で選択し決定することを可能とした。つまり自分の意思で旅行することもこのことにより可能になったのである。

日本における自立生活運動の普及

日本において，自立生活運動が一般に広まるのは，国際障害者年の1981年にエド・ロバーツなど自立生活運動のリーダーを招いて全国数ヵ所で「障害者自立生活セミナー」が開催されたのが契機である。自立生活の理念については，実に熱い議論が行われ，感動を呼ぶものであった。しかし理念について語られはしたものの，自立生活センターのサービスについては何ら伝えられないままで終わった［同上書：34］。

日本初の自立生活センターは1986年6月，東京都八王子市のヒューマンケア協会の発足である。このとき二つの目的がうち出された。一つはこれをモデルとして日本中に数多くのセンターをつくること。二つ目はそれを力にして自立生活センターを国の制度として確立し，全国どこでも自立生活センターが当事者中心に運営できるようにすることである。1991年，全国自立生活センター協議会（JIL）が結成された。JIL内には，自立生活プログラム小委員会，ピア・カウンセリング小委員会，自立生活センターの運営とその他のサービス小委員会，介助サービス小委員会，権利擁護小委員会など五つの小委員会が設けられている。2000年10月現在，JILには全国の自立生活センター95ヵ所が所属している［同上書：34］。

国際障害者年を契機にアメリカから日本へ自立生活運動という考え方が輸入された。障害者旅行論を研究する上で，自立的に自分の意思で旅行するという視点は重要である。自立生活運動はこの視点への第一歩であると考えられよう。

(2) 日本の障害者運動と自立

アメリカを起源とする自立生活運動とはまったく別のルートでも，時期を同

じくして日本の障害者運動はおこなわれてきた。それは1950年代から活動をはじめた青い芝の会である。いっぽうで身体障害者が自立するためには自動車を運転することが有効であると，自らが実践し，社会へ訴えた藤森善一の活動も紹介する。

青い芝の会

　前述した，アメリカを発端とする自立生活運動とは別に，1950年代後半になると，日本でも重度の障害者が社会に対して自己主張を始める。1957年，東京の光明養護学校の卒業生が「青い芝の会」を結成した。同窓会的組織から脳性マヒ者の全国的組織に発展し，日本における自立生活運動をリードしていった［樋口，2001：12］。まず，1962年には，初めて厚生省に交渉したといわれている。その目的は，脳性マヒ者に代表される日本の重度障害者は家族による介護が当然とされていたため，親などの家族が年老いた後の自分の生きる場所を求めるものであった［奥平，2001：3］。さらに，彼らは，「障害者も基本的人権をもち，この社会の一員として認められるために団結すべきである」と主張した。

　1970年12月，府中療育センターに入所していた利用者が，非人間的処遇と移転反対に抗議し都庁前にテントを張り，1年余り座り込みの闘争をした。1973年，青い芝の会は小田急線梅が丘駅へのスロープ取り付け交渉を進めるが，小田急側は障害者は客じゃないなどの反応を示したことから，改善を求めて運動をおこした。中心的に活動した横山晃久は「メンバーを募って二班に分かれて行動することにしました。新宿駅構内と，私一人が南新宿と新宿の間の踏み切りへ行き，文字通り『身体を張って』電車を止めました。もう死ぬ覚悟でやりました。命を懸けて，やっと上下2本のスロープがついたというわけです。」［横山，2001：267］と当時の記憶を語っている。

　1976年にはバス会社による車いす利用者の乗車拒否問題があり，それをうけて1977年4月には川崎駅でバスを28台占拠した川崎駅のバス籠城事件などをおこした［同上書：275］。

それは健常者社会に対する障害者の強烈なアピールであるとともに，自分たち障害者の中にある刷り込みや常識と闘い，自分たちのありのままを取り戻す，開放への過酷な戦いだったのである。親許や施設から離れ，地域で協力者を求め，生活を創ってきたのである［樋口，2001：13］。

自動車の運転と自立

　藤森善一は身体障害者が自立するには自動車運転免許を取得することが有効であるとの信念をもっていた。1962年，藤森は長野県小布施町に身体障害者収容施設「東園(あずまえん)」を開設し，リンゴ園を借りて運転免許の教習をはじめた［フジオート］。彼自身は両足切断していたが，アクセルとブレーキを延長することによって，ふとももで運転することを可能にした。1964年には財団法人化が認められ「東厚生会」が発足した。その後，藤森は，体に不自由のある人たちが免許を取得することのできる社会を目指し，日本一周を2度おこない社会にその存在をアピールした。後に東京の貸しコースへと場所を変えながらも，日本で唯一の身障者運転教習所として一貫した歩みを続け，マスコミにも数多く取り上げられた。この実績と財団法人としての公共性を高く評価した労働省（現厚生労働省）から厚生労働大臣指定の認定教育施設「身体障害者運転能力開発訓練センター」開設を提唱され，埼玉県新座市に国の助成を得て現在の施設・コースが建設された［東園自動車学校］。障害者が運転免許を取得することは，自由に移動できるだけでなく，就職し，旅行し，自立した生活が送れる重要なツールである。この面で藤森の功績は大きい。

2節　人権思想の広がりと障害者

　障害者旅行が注目される二つ目の理由として，ここでは世界的に広がりをみせた人権思想と障害者の人権についてとりあげていく。日本国憲法の第30条では，「国民は，すべての基本的人権の享有を妨げられない。この憲法が国民に

保障する基本的人権は、侵すことのできない永久の権利として、現在及び将来の国民に与へられる。」とある。大辞林国語辞典によれば、基本的人権とは「人間が人間である以上、人間として当然もっている基本的な権利。日本国憲法は、思想・表現の自由などの自由権、生存権などの社会権、参政権、国・公共団体に対する賠償請求権などの受益権を基本的人権として保障している」と説明されている。ここでわれわれが考えなければならないことは、今日「あたりまえ」とされている「人権」が、障害をもった人をはじめ、マイノリティーと呼ばれる人には与えられていなかった事実に対し、ヨーロッパやアメリカではどのようなプロセスを通じて人権を獲得していったのかということを検証することである。

まず、欧米を中心とした人権思想の発展と拡大、普遍化について考え、その中から、働く権利、移動する権利、そして旅行する権利を獲得していくプロセスについて述べていく。まず、その契機ともなったノーマライゼーション思想の普及について紹介し、つぎにさまざまな障害者の人権獲得をリードしていったアメリカのうごきについて紹介する。

(1) ノーマライゼーション思想の普及

ノーマライゼーション思想が生まれたのは、バンク・ミケルセンが作成に携わったデンマークの「1959年法」の中で示された「知的障害者の生活を可能な限り普通の生活状態に近づけるようにする」という考え方が基礎になっている。それは、1950年代にデンマークで知的障害者が施設での非人間的処遇を受けなければならなかった事実に対して、知的障害者の親の会から起こった運動が契機となった。

1960年代になると、ノーマライゼーション思想は、スエーデンのニイリェによる詳細な研究があり、知的障害者の日常生活の様式や条件を、社会で普通の環境や生活方法に出来る限り近づけることを意味するとした［中園、1996：］。さらに、北欧で起こったノーマライゼーション思想をヴォルフェンスベルガー

が北米に紹介し，それを米国では対人処遇サービスのシステムづくりとして障害者福祉の施策に導入した。

1970年代になると，ノーマライゼーション思想は世界的な広がりをみせる。国連は，精神障害者の権利宣言（1971年），障害者の権利宣言（1975年）を採択しそれに続けて，リハビリテーションとノーマライゼーション思想に基づく「完全参加と平等」の現実に向けての国際障害者の十年と定めた。このとき，ノーマライゼーション思想は日本にも広まったのである［中薗，1996］。

(2) アメリカ公民権運動からADA制定へ

アメリカ合衆国では，1960年代から公民権運動が展開し，障害者の人権が主張されていく。1990年にはその集大成ともいえる障害を持つアメリカ人法（ADA）が制定された。この法律はアメリカにとどまらず日本をはじめ世界へと波及し，前に紹介した，日本でのバリアフリーに関する法律の制定，そして障害者旅行のうごきにも大きな影響を与えている。そのアメリカでのうごきについてここではみていく。

公民権運動の展開

アメリカ合衆国では，黒人や他のマイノリティ・グループが，教育・雇用・選挙などさまざまな分野における差別に抗議し，白人と同等の権利を求めた公民権運動が展開されてきた。第二次大戦後には，公立学校における人種差別に対する違憲判決や，公民権法制定など法的には若干の進展を見せたものの，事実上の差別は消えなかったため，1960年代に入ると法の下の平等を求める運動が活発化した。なお，障害者はこのマイノリティー・グループに属する。その転機となったのが，1952年11月4日に共和党のドゥワイト・D・アイゼンハワーが第34代合衆国大統領に就任した後，黒人差別を撤廃しようという，全米各地で活発に行われた公民権運動である。更には，1954年5月17日に人権分離教育が違憲であるという判決を最高裁が下し，公民権運動は急展開を遂げた。1957年9月9日には，公民権法が制定された。1960年11月8日に民主党のジョ

ン・F・ケネディが第35代合衆国大統領に就任し，ニューフロンティア政策の一環として新しい公民権法の成立に精力を注いだ［竹前ほか，2000］。

リンカーンの奴隷開放宣言が公布されてから100年目にあたる1963年8月28日には，首都ワシントンに人種差別撤廃，黒人への平等な市民権を求めて全米から集まってきた人々が大行進をおこなった。高まる国民の機運を背景に成立しかけていた新しい公民権法は，同年11月22日にテキサス州ダラスで起きたケネディ暗殺によって一時頓挫したが，その翌年の7月2日にリンドン・B・ジョンソン第36代合衆国大統領の政権下において成立し，1964年1月23日に成立した憲法修正第24号によって，黒人参政権を阻害していたポール・タックス（人頭税）も完全に撤廃され，形式上ではアメリカから人種差別は撤廃されたが，これには障害に関する差別の禁止が盛り込まれなかった。

リハビリテーション法改正

1973年，リハビリテーション法に第504条が追加され，初めて障害をもとにした差別の禁止が明文化された。このリハビリテーション法は，1960年代からはじまったベトナム戦争による，多くの負傷した帰還兵を迎える際に成立したものであり，その後公民権運動の流れに障害者の人権を位置づけたアメリカ合衆国の有資格障害者は，障害を持つという理由のみをもって，連邦政府の資金援助を受ける事業，活動および政府機関，郵政公社の運営する事業，施策において，その参加を阻まれたり，受けるべき利益を損失したり，差別してはならないと差別禁止条項が明文化された。第504条は，従来の法の慈善としての障害者支援の考え方から，障害者の人権保護・差別撤廃へと転換する重要な役割を果たした。以前のリハビリテーション法では，公的資金を使っている施設やプログラムに適用されるだけだったが，これを契機にしてアメリカ社会における障害者の扱いが，それまでの慈善やリハビリ対象者としての観点から，社会や政治に平等に参加する存在としての扱いに大転換を遂げた。第504条により大学などの高等教育機関に障害者が入学できるようになり，リフト付きバスなどが運行されるようになった。

障害を持つアメリカ人法（ADA）の制定

　リハビリテーション法の制定がきっかけとなり，差別をなくしていくための施策と運動する手がかりとなって，1990年7月にADA（Americans with Disabilities Act of 1990＝障害をもつアメリカ人法）と呼ばれる法律が制定された。人権や国籍などを理由とする差別に苦しむ人達に対する公民権と同じ内容の権利を障害者に対して保障しようというものである。これは1964年の黒人の参政権を認めた選挙法以来の公民権に関わる法律の制定であり，これによって建国以来目差していた「アメリカンドリーム」が実現したとも言われるほど画期的なものであった。アメリカでは，前述した1973年改正のリハビリテーション法第504条項により，障害に基づく差別の禁止が部分的に規定され，障害者自身が主体となり，全米的な自立生活運動，政策過程への直接参加などが展開されてきた。しかし，いろいろな場面において障害者の基本的人権が奪われる差別が依然として続いた。その後，障害者自身の運動によって，障害者に基づく差別の撤廃を包括的かつ具体的に社会に求め，それを法律として制定することを求めてきた。またこの法律は，世界初の障害者の人権を保障する法律となった。具体的には，①雇用，②政府や地方自治体による公的サービス，③ホテルやレストランなど不特定多数の客を相手にするサービス，④通信サービスという四つの領域において，障害を理由とする差別を禁止している。［ADA, 1990］

　ADAの基本理念は，障害者に特別な保護を与えるのではなく，適切な配慮によって生活のすべての場面で，障害のあるなしに関わらず機会が均等に与えられることにある。要するに，障害に基づく差別を社会的に規制しようとするものである。企業や自治体がADAで定める基準を遵守しない場合，差別を受けた障害者が行政機関による救済，さらには裁判所による救済を求めることができる。救済の内容は，違法な差別を禁止したり，スロープをつけるなどの改善措置を命じたりするほか，事件によっては損害賠償の請求も可能である。しかも，悪質なケースについては，連邦司法省から訴えられることもあり，そうなるとさらに違反金の支払いが必要になる。障害者の自立を促進させタックス

ペイヤーにさせることが国家の利益に繋がるという考えが，時の共和党政権の価値観と合致したといわれているが，この法律が運用される際に連邦政府の財政負担はゼロという形で進めたところに，法案が成立した成功の鍵があるという意見も多い。1992年にはオーストラリア，1995年にはイギリスで，障害者差別撤廃法（Disability Discrimination Act）が制定された。

3節　障害者旅行研究の意義

　最後に，障害者旅行論をどのような方法で研究し，どのように視点や態度で研究していくのかを論じる。また障害者旅行論を研究することの意味や意義を論じる。まず，障害者の旅行を研究する意義について述べる。

(1)　障害者旅行を研究する意義

　それでは，なぜわれわれは障害者の旅行を研究するのか，いくつかの仮説を立てながら検証してみよう。まず，障害者が旅行することはどのような意味や意義があるのか考えてみよう。

自立に資する旅行論

　これまでに，障害者が旅行できるようになったのは，障害者自身の自立しようとする運動と，人権が獲得されたからであると述べた。逆に，旅行を体験することは，障害者の自立につながるのではないだろうか。二つの事例から考えてみよう。

事例8-1　今の状態から羽ばたける

　ここでは，山本祐司編著『面白きこともなき世を面白く』の「走る亜沙子──生きがいを求めて！」から引用し紹介する。

亜沙子は，千葉県で中学1年生の登校途中，居眠りトラックにはねられ脳幹部運動神経中枢を挫傷。首から下がすべて麻痺し，動くことも話すこともできない。唯一動かせる頭をつかって頭にエアバンドで固定したヘッドスティックでキーボードを打ち，合成の音声文字で意思を伝える［茉本，2000：54］。1986年，養護学校高等部2年生だった茉本は将来を考えると八方塞で涙をこらえることができなかった。しかし思いがけずそんな心に新聞が希望と勇気を与えてくれた［同上書：77］。1988年の初夏，「身体に障害がある人もない人も，一緒に中国の新彊ウイグル自治区のシルクロード天山南路に行こう」という記事だった。家の周囲を散歩することだってできずにいるのに，中国西端の砂漠のオアシスを廻るなんて……。自分のことがある程度はできる人ならいけるかもしれないけれど，私みたいに「全介助で，しゃべれない」のは，どうせ家族の付き添いがなきゃだめに決まっている。国内旅行だってそうだった。いくら全介助だからって20歳になる私は「お母さんと一緒」なんてことはしたくなかった［同上書：78］。

　新聞記事の最後には団長の話として「全介助でも，なるべく付き添いをつけないで参加してほしい」とあった。つまりこの旅に私が一人で参加すれば，私は直接，周囲の人とコミュニケーションを取り，自分を感じてもらいながら，お世話してもらうことができる。そうすればきっと私をわかってもらえる。道中，大変なことがあっても，私は旅をすることにもっと真剣になって，きっと私は今の状態から羽ばたける―［同上書：78-79］。

　この事例は，障害者の旅行がさまざまな団体によっておこなわれるようになった時代の体験である。旅行が可能になり，旅行することは，自立的で前向きな生き方ができるのではないだろうか。

事例8-2　自動車を運転しアメリカ一周
　貝谷嘉洋は，筋肉が萎縮して動かなくなる進行性の筋ジストロフィーという病気を患っており，腕や指はわずかしか動かず洗顔や着替えなどを含めて全面

介助が必要な重度障害者である。通常の移動は電動車いすを使用している。貝谷は日本の大学を卒業後，1993年にアメリカのカルフォルニア大学バークレー校大学院へ留学した。そのときにジョイスティック車というゲームのコントローラーのようなリモコンで操作できる自動車に出会った。その後，自分で自動車を運転する夢を持ち続け，1999年12月，プロジェクト「ヨシを運転させるベンチャー」を支援する仲間たちが立ち上げ，彼がジョイスティック車でアメリカ一周することへの支援を呼びかけた。2000年3月には，カリフォルニア州の仮運転免許を取得し，ダイムラークライスラー社ダッジ・グランドキャラバンを購入した。そして，ジョイスティック車に改造しカクタス号と命名した［貝谷，2000］。

　4月10日，カクタス号でバークレーからアメリカ一周を開始し，4月28日には，アメリカ大陸最南端のSouth Most Pointに到達した。アメリカ21州とカナダ1州16,357キロを走行し，出発から54日後の2000年6月2日，バークレーに戻った。ジョイスティック車による初のアメリカ一周旅行が終了した。この旅行により，ジョイステック車がアメリカ一周に耐えうる技術であることが実証された。さらに貝谷は，自動車への夢をもちつづけ，アメリカからカクタス号を輸入した。その後車検を通し日本のナンバープレートを取得し，2001年には東京都の自動車学校に自分のジョイスティック車を持ち込み通い始め，1ヵ月後には運転免許試験に合格した［同上書］。

　ジョイスティック車という新しい技術によって，従来運転することが不可能だった重度障害者が，運転免許を取得し，自らの手で移動できる可能性が生まれたという点に大きな価値があるといえる。それだけではなく，アメリカ一周旅行を友人と経験することによって，その経験が大きな自信につながったのである。つまり貝谷はジョイスティック車という技術により，重度の障害を克服し，自動車の免許を取得し，自分で運転することによって，以前よりもさらに自立的な旅行や生活が可能になったのである。

医療や福祉の対象ではない障害者旅行論の構築

障害学（Disability Studies）と呼ばれる障害に対する新たなアプローチが紹介されている。この障害学とは，従来の医療・社会福祉の視点から障害や障害者をとらえようとするのではなく，むしろ，逆に個人のインペアメント（損傷）の治療を至上命題とする医療，「障害者すなわち障害者福祉の対象」という枠組みからの脱却を目指す試みのことである。またそれは同時に，「障害者独自の視点の確立を指向し，文化としての障害，障害者として生きる価値に着目する」[長瀬，1999：11]とするものである。つまり，この視点からの研究を試みる場合には，旅行からのアプローチが非常に有効であるだろう。なぜなら，障害者にとっての旅行は医療や福祉の対象ではなく，個々人の人生にとって，生きる価値において重要であるからである。

(2) 障害者旅行を研究する視点と方法

はじめにも述べたが，私たちはなぜ「障害者の旅行」を研究テーマに設定したのだろうか。また，このことを研究することは，いったいどのような意味や意義があるだろうか。逆に，障害者にとって旅行とはどんな意味があるものなのだろうか。これらは，著者が提起した障害者旅行を研究する上でもっとも重要な命題である。さらに，わたしたちが研究すべき課題はたくさんある。

(2)では，障害者の旅行を研究するにはどのような視点があるのかを紹介していくことにしよう。ここでは，理論的な研究，障害者の旅行体験の事例研究，バリアフリーやユニバーサルデザインといった技術的研究，そして観光現場における障害者対応調査について概観していく。

理論的研究

一概に「障害者」といっても，さまざまな程度や種類の障害を持った人たちがいて，ひとくくりにはできない。そこでまず，自分の研究課題に即した分類を試みることが必要である。それには，第4章で紹介した，医学的な視点からみた，WHOが発表した「国際機能分類」や，1995年の『障害者白書』に紹介

された「障壁の分類」といったもの，あるいはさらに違った分類の方法を，設定した問題に応じて選択する必要があるだろう。

つぎにどのような理論をベースに研究していくか考えなくてはならないだろう。第Ⅱ部で論じた，「障害者が旅行するようになった事実」に対し，本書では，障害者の自立あるいは人権といった理論からのアプローチを試み，その事実を紹介した。さらに，研究をすすめるなら，障害者の自立，障害者の人権といった理論的研究をすすめる必要がある。ほかにも，医療や科学技術が進歩した，産業の構造が変化した，障害者が差別されなくなったということも考えられるだろう。

技術的研究

医療や科学技術が進歩したから，障害者が外出できるようになり，さらに旅行できるようになったのだという仮説が提示された場合，どのような医療や技術が障害者の旅行を可能にしたのかといった具体的な技術的研究をすべきだろう。バリアフリーやユニバーサルデザインといったものや，ホテルなど旅行現場での具体的取り組みについて紹介した。これらが，どのように行われているのかを具体的に研究することを，ここでは技術的研究と呼ぶことにしよう。技術的研究についてはさまざまな方面からすすめられており，さまざまな文献やメディアで紹介されている。前にも紹介したが，この分野でさきがけとなった草薙やおそどによる功績は大きい。

障害者自身の旅行体験の事例研究

実際に，障害者自身はどのような旅行を体験しているのか。あるいは，旅行に対してどのような考えを持っているのか。想像の世界，あるいは理論だけでは事実は語れない。そこで，個々人の旅行に関する体験を聞き，研究・分析する必要がある。たとえば，視覚障害といっても，障害の程度はさまざまであるし，旅行のスタイルも一様ではない。それはもちろん障害の有無には関係なく，それぞれの「生育経験」，「興味関心」，「性格」，「家族や友人との人間関係」な

にも大きな衝撃をもたらすことがある。特に旅行する機会の少ない障害者や周囲の人びとは，1回の旅行体験が自らの人生観や世界観を変革させ，周囲との関係に影響をおよぼすことがある。インタビュー調査をする際には，その旅行の体験談だけではなく，その人が生きてきたライフヒストリーを丹念に聞き取っていくことが重要である。

旅行現場の対応調査

　これまでに，日本におけるさまざまな障害者旅行の事例を紹介した。障害者が旅行する上で，交通機関や宿泊施設，そして観光地がどのような対応が必要なのか，現状を知ることは重要なテーマである。また，ここでは受け入れる立場（ホスト）側からの視点が必要である。そのためには，空港や駅などの交通機関，旅館やホテルなどの宿泊施設，そして観光地や観光施設を見学したり，インタビューしたり，アンケート調査を行ったり，さまざまな方法で事実を知る調査を行う必要がある。本書の第Ⅲ部では，これらの旅行の現場の調査をする方法について，具体的な事例を交えながら説明していく。

第Ⅲ部　障害者旅行に関する実証的研究

　第Ⅱ部では1980年代以降活発化し，注目されてきた障害者旅行の状況について概観し，その意味を考えてきた。そのなかで，障害者の自立や人権との関わりで旅行を考察することの大切さを知ることとなった。これに引き続く研究課題として第Ⅲ部では，障害者旅行をめぐる実際の状況をどのように研究するのかを問題として提起し，調査方法についての基礎知識と実際におこなわれた調査の概要を述べる。

　どんな調査や研究を行うにも避けて通ることのできない，不可欠の過程として問題設定があるが，ここでは第Ⅱ部において認識された障害者の自立と旅行に関する議論を踏まえて，次のような二つの問題を提起する。

　障害者が自立的な旅行をするための条件とはどのようなものか，そしてそれはどの程度整っているのか。

　次に調査の方法としては，量的調査，見学観察調査，聞き取り調査，参与観察調査を取り上げることとする。また，調査対象としたのは，旅館，ホテル，空港そして障害を持った人たちの旅行そのものである。第9章では，問題設定のための基本的，理論的な視点について整理する。第10章では，量的調査を使った旅館調査，第11章ではホテルと空港における見学観察，聞き取り調査，第12章では障害者施設の旅行に同行して調査した参与観察調査について述べる。

第9章　自立を考える視点

　人びとにとって自立とはなにか，自立にとって旅行とはいかなる役割を持っているかについて考えておかなければならない。それは，人びとが自立することは自ら一人前のアイデンティティをもつ存在になることであり，社会化の過程を経て社会人になると考えられるからである。もう一つは，日本型近代家族の特徴とそれからの自立に関する要田洋江の議論に注目する。自立した社会人となるには家族からの独立が不可欠であり，日本型近代家族にはそれを阻む傾向があることを認識することが大切である。

1節　自立とアイデンティティ

　エリク・エリクソンはアイデンティティ概念を提起して，その形成と関連させて，人間は八つの発達段階を経て，各段階の課題を達成しつつ人生を生きていくと論じた。8段階とは，第1段階：口唇－感覚期，第2段階：筋肉－肛門期，第3段階：移動－性器期，第4段階：潜在期，第5段階：青年期，第6段階：若い成人期，第7段階：成人期，第8段階：老年と円熟期である[Erikson, 1963=1977：7章]。

第1段階　唇－感覚期：基本的信頼対不信
　乳児が抱く社会に対する信頼の最初の表明は，摂食時に示すくつろぎ，睡眠の深さ，便通のよさなどの形で行われる。乳児がなし遂げる最初の社会的行為は，母親が見えなくても，無理に心配したり怒ったりしないで，母親の不在を快く受け入れることができるようになることである。この段階で学ぶ信頼とい

うことの一般的状態は，必要物を供給してくれる外的な存在が常に同じであること，連続性を有していることを学んだという意味ばかりでなく，様々な衝動に対する自分の諸器官の能力を信頼することをも意味している［同上書：317-318］。

第2段階　筋肉－肛門期：自立対恥と疑惑

　筋肉の成熟は，保持することと手放すことという様態を実験する舞台を用意する。これらに関する基本的葛藤は，敵意に満ちた期待や態度か，あるいは優しく親切な期待や態度のいずれかを生む。保存することは，破壊的で残酷な保留や拘束になることもあり，また所有し，保持することもある。手放すこともまた，破壊的な力で敵意をこめて発散させることにもなり，あるいは「大目に見たり」「放置しておく」ことにもなる［同上書：323］。

　恥：恥ずかしいということは，人が完全にむき出しの状態で他人の視線にさらされていると意識することであり，自己を意識することである［同上書：324］。

　疑惑：疑惑の念は，正面と背部，とくに「お尻」があることを意識することと深い関係がある。この部分は，括約筋や臀部に攻撃的なリビドーが集中しているが，子どもには見えない。にもかかわらず，そこは自分以外の人の意志によって支配され得る。

　この段階は，子どもの心に育つ愛と憎しみの割合をはじめ，協力と強情や自己表現の自由とその抑制などの割合にとって決定的な意味を持つ。自尊心を獲得した自制の観念から，善意と自負の永続的感覚が生まれる。自制心の喪失や外部からの過度の統制から疑惑や恥を抱く永続的な性癖が生じる［同上書：326］。

第3段階　移動－性器期：自発性対罪悪感

　幼児が歩行できる段階に達し性器に関心を持ちはじめる段階になると，相手を「ものにする」という様態，はじめは「得ようと努力する」という意味での

様態が加わる。男子の場合には，男根－侵入的様式が強調され続けるが，女子の場合には奪うということに近い攻撃的な形の「捕らえる」という様式に変わり，あるいは自分を魅惑的にし，可愛い女に見せようというより穏やかな形の「捕らえる」様式が強調される。

　自立性はすべての行為にとってなくてはならない部分であり，人は何を学ぶにしても何をするにしても，自発性の感覚を必要とする［同上書：328］。

　この時期に，制度，職分，役割などについてある程度の洞察力がつき，彼に責任ある社会参加を可能にする［同上書：329-330］。

第4段階　潜在期：勤勉性対劣等感

　児童期に達すると，子どもは心理的にはすでに人の親になるべき初歩的歩みを始めていても，生物学的にはまだ親にはなれない。彼はまず働く人になり，将来の準備をしなければならない。性欲潜在期の訪れとともに，正常に発達した子どもは正面から「人をものにしたり」急いで父親や母親になったりする必要性を忘れてしまう。というよりそれを昇華させる。彼はさまざまなものを生産することで周囲の承認を獲得することを学ぶのである。勤勉の観念を発達させこの時期，子ども達はある種の組織的教育を受ける［同上書：332-333］。

第5段階　青年期：アイデンティティ（同一性）対役割の混乱

　児童期が終わりを告げ，思春期，青年期になると，目前にある大人の仕事を見て，自分自身が感じている自分と比較した結果，他人の目には自分がどう映っているかということが第1の関心事となり，また幼児期に習得した役割や技術を職業的規範とどう結びつけるかということが最も切実な問題となる。自我同一性（アイデンティティ）の観念は過去において準備された内的な斉一性と連続性とが，他人に対する自分の存在の意味，すなわち「職業」という実体的な契機に明示されているような自分の存在の意味の斉一性と連続性に一致すると思う自信の積み重ねである。この段階における危機は，社会的役割の混乱である。個々の職業に関する同一性を最終的に固めることができないというこ

とである［同上書：336］。青年の心は猶予期間の心理であり，児童期と青年期の中間にあり，子どもとして学んだ道徳と大人によって発展されるべき倫理の中間にある心理の段階である［同上書：338］。

第6段階　若い成人期：親密さ対孤独

　成人の段階では，肉体と自我とが器官様式ならびに核心的葛藤を自由に支配することができなくてはならない。親密な提携関係の結果，オーガズムや性的結合，親密な友情関係，身体をはっての格闘，教師の感化や自分の心の奥底からの直感の経験などの場合のように，自己を放棄することを迫られる事態で，自我を喪失するのではないかという不安に負けてしまう。自我の喪失を恐れるあまりに，これらの経験を回避すると深刻な孤独感にとらわれるようになり，やがて自分のことのみに夢中になり自己に埋没する結果となる［同上書：339］。

第7段階　成人期：生殖性対停滞

　この年代は社会のなかで自分の場所を占めはじめ，社会が生み出すすべてに対してその発展と完成を目指して援助しはじめる。そして個人はそれに対して責任をとる。生殖性とは，次の世代を確立させ，導くことへの関心であり，その概念は生産性や独創性のような包括的な意味で「産む」ことである。世代から世代と生まれていくあらゆるもの，すなわち子ども，生産物，観念，そして芸術作品を意味する。

第8段階　老年と円熟期：自我の総合対絶望

　物事や人びとの世話をし終えて，子どもの創作者になり，あるいは物や思想の生産者になることに付随する勝利や失望に適応してきたもの，このような人間だけにこれまで述べてきた七つの段階の果実が実るのである［同上書：345］。

　エリクソンの8段階論のうち最初の3段階については，S・フロイドが論じた発達心理の過程と重なっている。フロイドによれば，口唇期－肛門期－性器

期の三つの段階を経て人間は成長し完成していく。この考え方を基礎としながら、エリクソンはさらに潜在期を経てさらに青年期−若い成人期を設定して、人間がアイデンティティを確立した社会的な存在として、完成していく過程を示している。青年期には大人の仕事、職業に対する同一性を獲得し、社会的役割を果たす自身を得ていく。そして若い成人期には、他者との親密さを学び、他者と共に生きる力を得るのである。こうした過程の中で、人間はアイデンティティを確立し、自立的な存在になっていくというわけである。

　潜在期や青年期、成人期における旅行経験は人びとの発達において一定の役割を果たすことが考えられる。障害者の場合、健常者以上にこれらの段階における困難は大きいと見ることもできる。たとえば、青年期や若い成年期において体験する、「職業」を代表とする社会的活動への参加に関する身体的あるいは社会的困難さ、子供を生み育てる困難さが存在すると考えられる。アイデンティティ形成確立により大きなエネルギーが必要になるかも知れない。

　こうした時期に旅行は大きな意味を持っていると考えられる。自分に与えられた役割、仕事や職業を通して社会で生きることを学び、友人や恋人と友情や親密な関係を深めるために、旅行体験は重要である。幼児期より慣れ親しんできた家族的絆から自立し、友人や恋人、各種のグループでの活動や旅行が、この段階で役割を果たすことになるであろう。

2節　自立と社会化

　社会化（Socialization）の理論は自立を考えるためには不可欠の部分である。この領域ではG・H・ミードの理論が重要である［Mead, 1934=1973］。
　自我を形成する過程は役割取得の過程でもあり、役割取得は個人の社会的経験の一種の統合としての基本的過程であり、自我の起源でもある。役割による初期の社会的経験の組織化段階では、子どもたちは遊びとゲームによって取得していく。子どもはなにかにあるいは何者かになったつもりで遊ぶ。ひとりの

子どもが母親になったつもりで,教師になったつもりで,警察になったつもりで遊ぶ。それによって異なった役割を取得しているのである。ゲームをしている子どもは,そのゲームに加わっている他のすべての子どもたちの態度をとる準備ができていなければならないし,これら異なった役割には相互にはっきりした関係がなければならない。こうして遊びやゲームから役割を取得していく。そして,「一般化された他者」の役割,すなわち共同社会全体の態度を取得する。そのことは自己を共同社会,法,ゲームの規則等の位置に置くことを意味している [Natanson, 1956=1983：3章]。人は遊びやゲームを通して役割を取得し,社会のなかで生活するために必要な態度,自我を形成する。

　ここではさらにバーガーの理論に着目する。彼は,社会化の過程を第1次,第2次という段階に区分して論じている [Barger, 1967=1975：Ⅲ部1章]。

第1次的社会化
　個人は最初から社会の成員として生まれてくるのではない。内在化は,まず第1に自分の周り人びとを理解するための基礎であり,第2に世界を有意味的であると同時に社会的でもある一つの現実として理解するための基礎である[同上書：219-220]。内在化を終えたとき,はじめて個人は社会の成員になる。これが行われる個体発生的な過程が社会化と呼ばれる過程であり,それゆえ社会化ないしその部分の客観的世界のなかへ個人を包括的かつまた調和的に導入されることである。第1次的社会化とは,個人が幼年期に経験する最初の社会化であり,これに対して第2次的社会化とは,すでに社会化されている個人を彼が属する社会という客観的世界の新しい諸部門へと導入していく,それ以後のすべての社会化のことである [同上書：220-221]。
　第1次的社会化が通常個人にとってもっとも重要なものであり,すべての第2次的社会化の基本構造も第1次的社会化のそれに類似したものにならざるをえない。どの個人も,彼の社会化を担当する意味ある他者に遭遇する。これらの意味ある他者は彼に押しつけられた人びとである [同上書：221]。第1次的社会化はきわめて情緒的要素に満ちた環境のもとで行われる。意味ある他者へ

の情緒的結びつきを欠いては，学習課程は困難になる。子どもはさまざまな情緒的結びつきによって意味ある他者に自己を同一化する。内在化は同一化があってはじめて可能になる。子どもは意味ある他者の役割とその挙動とを取得する［同上書：222］。個人は他者の役割と態度とを自己のものにするだけでなく，彼らの世界をも自己のものにする。アイデンティティを与えられるということは，世界のなかにある特定の位置を与えられることを意味している。第1次社会化は，子どもの意識のなかに特定の他者の役割と態度から，役割と態度一般への漸進的な抽象化を生み出す。一般化された他者の形成は，単にあれこれの意味ある他者に対してアイデンティティをもつだけでなく，アイデンティティ一般をももつことになる［同上書：224-225］。

　第1次的社会化においては，意味ある他者についての選択は存在しないために，彼はそれを世界そのものとして，つまり唯一存在し，唯一考えうる世界として内在化する［同上書：227］。個人の最初の世界が構成されるのは第1次的社会化においてであった。幼児期の世界は，その鮮明な現実性において，意味ある他者という人間そのものに対する信頼をもたらすだけでなく，状況に対する信頼をももたらす［同上書：229］。

　第1次的社会化は一般化された他者についての観念が個人の意識のなかに確立されたとき，終了する［同上書：232］。

第2次的社会化

　分業が発生し，知識の社会的配分が生じるやいなや第2次的社会化が必要になる。第2次的社会化とは，制度的なあるいは制度的に基礎づけられた＜下位世界＞が内在化される過程である。したがって，その及ぶ範囲と性格とは，分業とそれにともなう知識の社会的配分の複雑性によって決まる［同上書：233］。第2次的社会化とは，直接的にも間接的にも分業に基礎づけられた役割に特殊な知識の獲得を意味しているのである。

　第2次的社会化は役割に特殊な語彙の習得を必要とするが，これは一つには物事の日常的解釈を構成する意味論の領域の内在化と，制度的領域における行

動の内在化とを意味している。第2次的社会化で内在化された＜下位社会＞は，第1次的社会化で獲得された＜基本的世界＞に比べると，一般に部分的な諸現実という性格をもっている［同上書：234］。

　いかなる新しい内容がいまや内在化されることになろうとも，それらはすでに存在しているこの現実の上になんらかの形で積み重ねられなければならない。それゆえ，ここにはすでに内在化されているものと新たに内在化されるものとの間の一貫性という問題が存在する［同上書：237］。

　第1次的社会化は意味ある他者との子どもの情緒的性格をおびた同一化なくしては起こりえないのに対し，大部分の第2次的社会化はこの種の同一化を欠いても可能であり，人間同士の間での意志疎通が行われるところであればどこにでもあらわれる，相互認識がある程度存在しさえすれば，有効に進行する。第1次的社会化の後に起こる危機のうち，まさしく自分の両親の世界が存在する唯一の世界ではなく，きわめて特殊な社会的位置づけをもつ世界であることを知ることによって引き起こされる［同上書：238-239］。

　第1次社会化の過程で内在化されたのが，唯一の世界としての自分の両親の世界であり，すべてが一貫した基本的な世界であったのとは対照的に，第2次的社会化で獲得されなければならない世界は，部分的な下位社会であり，特殊な社会的位置づけをもつ世界である。

　人間同士の意志疎通が存在すれば，同一性を欠いていても内在化は可能である。第1次的社会化で内在化された両親，家族の世界の上に，それとの一貫性が欠けている状況でさえも，新たに積み重ねられ内在化されていくのが第2次的社会の特徴である。であるなら，それぞれの旅行体験もそのために役立つことは大いに考えられるところである。

3節　障害者の自立と日本型近代家族

　アイデンティティ理論や社会化理論における，自立的な存在として完成の時期である青年期および若い成人期には，家族，両親の世界との関係は重要であることは了解されたが，本節では日本型近代家族に関わる議論に注目する。要田洋江は，障害を持つ人たちと家族との関係を考察するなかで，とくに日本型近代家族に着目して，自立を阻む家族について言及している［要田，1999］。
　まず彼女は，青い芝の会の運動の中心であった横塚晃一の発言から，障害者の自立と家族の関係の考察をはじめる。要田が注目した箇所を見てみよう［同上書：14］。
　「親の権力下に抱え込まれた脳性マヒ者（児）は将来一家の責任者となるような，また母親となるような家庭教育を施されることもなく，いくつになっても赤ん坊扱いされ，一人前の人間として社会性を育む機会を奪われてしまう［横塚，1975：17］」。「われわれの運動が真の脳性マヒ者の立場に立ってその存在を主張することにあるならば，まず親を通してわれわれの上に覆い被さってくる常識化した差別意識と闘わなければならず，そのためには自らの親の手かせ足かせを断ち切らねばならない。つまり，親からの独立（精神的にも）ということが先決なのである［同上書：17］」。「脳性マヒのありのままの存在を主張することがわれわれの『青い芝』の運動である以上，必然的に親からの解放を求めなければならない。泣きながらでも親不孝を詫びながらでも，親の偏愛をけっ飛ばさねばならないのがわれわれの宿命である［同上書：19］」。
　社会を相手取って抗議するのに足かせになるのは，ほかでもない「親の愛情をとおして」障害者自身にも内面化された「障害者はあってはならない存在」とする常識化した「否定的障害者観」であること，そしてまた親に「保護されて」育てられたための「自立性の低さ」であることを，横塚は指摘している。それゆえ，親の偏愛をはねのけ，親から独立しなければならない［要田：

74-75]。

　障害者が悲痛の叫びとともに抗議し独立を求めているその相手である親や家族とは，なぜ，どのような事情のなかで形成されたのだろうか。このことについて要田は次のようにいう。明治時代につくられた「国の繁栄に役立つ人間に高い価値が与えられる」とする人間観は，国が企業に代わりこそすれ，生産力に貢献する人間とそうでない人間を区別する点は現在も同じである［同上書：16］。国や企業に貢献しない障害者は，母親の責任と愛情で家族のなかに押し込めようとした社会がここにはあったのである。その社会の要請に応じて，「子どもが社会の迷惑にならないように子どもの監督を怠らない」親，つまりわが子を差別・排除する社会のエージェントとしての役割を担う親となった［同上書：77-78］。

　石川准は親への警告として，「障害児の親」として「適切にふるまう」ことによってアイデンティティを達成しようとする親の問題を指摘している［石川，1995］。親のあり方，一市民として「自立できるよう」障害者を育てる親である。一市民として自立するとは，障害があってもひとりの人間としての生きる権利を主張する「自己」をもつということである［要田：18］。

　日本社会の障害者問題は，障害者本人と障害者の母親との問題として特化して現れる。とりわけ，障害児をめぐる母と父の亀裂は顕著であるという生瀬克己の指摘はこの文脈のなかにある［生瀬，1993］。父親は子どもの養育に積極的にかかわる父親像を手に入れなければならず，また母親は「母子共生」から生まれる障害児を自分のコントロール下に囲い込む偏愛（利己愛）を止めなければならない［要田：84-85］。

　親の庇護から一時的に離れ，友人や仲間たちと社会体験する活動である旅行が障害者の自立に役に立つ可能性はここにある。

4節　問題設定

　自立について三つの視点（アイデンティティ・社会化・日本社会）から整理した。すなわち，社会化の過程やアイデンティティ形成・確立をとおして一人前の社会人となっていくという意味での自立と，個人にとって家族・母親・父親をとおして出現する社会からの拘束あるいは抑圧からの解放という意味での自立について整理した。こうした二重の意味での自立は，障害のあるなしに関わらず全ての現代人にとって課題であるが，われわれはこのような自立と旅行や観光の関係を考えなければならない。
　これら自立に関する理論からは二つの問題を提起することができる。すなわち，一つは旅行が個人の自立過程に役立つか，どのように役立てることができるかという問題であり，もう一つは人びとの自立的な旅行は可能になっているのか，あるいは自立的な旅行のために対応や条件は整っているかという問題である。
　前者の問題は旅行の社会化機能あるいは教育的機能に関する研究を導くことになろう。主に障害者の人生や生き方，活動に焦点を当てつつ考えて行くべき問題になる。旅行の形態を考えてみると，人間は生まれて以来両親や家族との旅行からはじまり，学校の旅行や遠足，友人や恋人との旅行，新婚旅行，各種のグループでの旅行，そして個人旅行などさまざまな旅行を経験する。アイデンティティ確立，第2次的社会化の過程では，家族以外の各種の旅行体験が重要な役割を果たすことになる。「旅はリハビリ」であり，旅の中で自分の能力や活力を高めることができるという考え方はこのことと関連している。ここに旅行の社会化機能あるいは教育的機能に着目した研究の可能性がある。
　健常者でも，親との葛藤と親からの自立の過程は大きなプレッシャーとのたたかいがある。健常者の場合親や家族からの自立に際しては，かつてなら若衆宿や娘宿に参加することによって，年の異なる同世代集団に参加し，家族から

学ぶことがなかった社会のおきてやルール，生き方，人付き合い，さまざまな生きるための技術などを学びながら，家族とは一定の距離を設定することができた。現代ならば，学校集団や同好のスポーツのグループなどへの参加によって，家族とは異なる集団参加によって，あるいは家族を離れて暮らす生活を通して家族からの自立を果たすことになる。

　しかし，障害をもつ若者にとっては，状況は若干異なる。親や家族の介助を受けながら，そのなかで家族からの自立をなし遂げなければならないのであり，健常者が自立する以上の心理的葛藤は複雑で，困難な課題となる。家族の外にある集団や社会への参加によって，家族からの自立が容易になるとしたら，彼／彼女たちはどこにそれを見いだすのだろうか。健常者と同じく，家族と向き合うものもあれば，外に出ようとするものもいるだろう。ここで役に立つ集団の一つに，障害をもって生きるということを深く理解することのできる同種の障害をもつ人たちのグループがある。このような集団への参加は，自立への過程にとって有用であろう。

　家族からの自立の困難さは，障害者本人ばかりでなく，周囲の親や兄弟にとっても同様に重い課題となる。日常生活のなかで親身な介助をしながら，自立を願うことは親や家族にとってもやはり矛盾にみちた出来事であるからである。親や兄弟，家族を離れて友人や集団の仲間と旅行することが，自立に向かう契機になることがある。Aさんの事例を紹介する。

　Aさんは幼い頃から車いす生活で，両親や姉による日常的な介助を得て，家族からの自立というようなこともあまり考えずにはたち過ぎまで過ごしてきた。家族を離れて友人と旅行するとか，外泊するような体験も少なく，学校の遠足や家族旅行以外はほとんどなかった。友人たちと1週間ほどのアメリカ西海岸への旅行に参加することになった。家族はまさにはじめて家族を離れてひとり他人のなかに入って旅をする体験を持つことになった。はじめて体験するアメリカ社会，アメリカ人たちとの交流にくわえ，四六時中すごす友人たちとの生活から，家族を離れ，社会のなかで生きることの楽しさを彼女は学ぶことになった。帰国後，Aさんは自らの人生をかけて決意し，家を出て，障害者の自

立を促進するための教育機関であるリハビリテーションセンターに入所した。家族の心配を感じながらもAさんは、寮生活を送りながらコンピュータや簿記など社会に出るための知識を身に付ける一方、仲間とともに車いすバスケットに打ち込んだりした。一定のコース修了後、大手企業への就職もかちとった。自宅とは離れた勤務先の近くにアパートを借りてひとり自活する生活に飛び込んでいった。その頃からアメリカ旅行に誘った友人たちとも若干の距離感をもつようになった。Aさん自身の会社での仕事と日常的な生活やつき合いが広がり、以前家族の次に最も親しかった友人たちも、彼女にとって良き友人のひとりになっていったのである。友人たちからも自立したといえるのではないか。もちろん会社に勤めるようになっても、彼女の身体的状況が変わってしまったわけではなく、周囲からの介助が必要なことはひき続き存在はしてはいるが、それを得ながらも自信をもって家族依存でも仲間依存でもない、自立した生活を送っている。Aさんのケースは旅行が自立への歩みの契機の一つとなった事例である。自立に資する旅行を考えるうえで、最良の事例の一つといえるが、彼女にとってのアメリカ旅行が、他の人びとが経験すると同じ一般的な旅行であったにもかかわらず、彼女に心に深く影響したのであった。

　このような事例を集積しドキュメント調査の方法を用いることよって旅行の社会化機能や教育的機能に関する研究が可能になる。

　他方第2の問題に関しては、旅行現場の状況に着目した研究が構想される。旅行は楽しみであり、骨休め、自分らしさの回復という自由で開放的な活動でもあり、旅館やホテルといった宿泊施設では、客への教育的機能よりも自由に楽しむ機会と空間を提供するサービスに重点があるのが当然である。そうした視点に立てば、宿泊施設や観光業においては障害者が自由な意志によって自立的な旅行を楽しむことができる条件や環境が形成されているかが問われることになる。そこで第10—12章では障害者や高齢者が自分らしく自由に、旅行できる条件がどのように形成されているかを実際の調査から検討する。

第10章　シルバースター登録旅館への量的調査

　前章で提出した問題，すなわち「障害者にとって自立的な旅行」に対して旅行の現場はどのように対応しているのかという具体的な問題に焦点を移そう。旅行の現場としては旅館，ホテルなどの宿泊施設，鉄道や空港などの旅客輸送の現場，およびさまざまな観光地があるが本章では旅館を取り上げる。問題を再設定してみれば，「旅館は障害者の自立に役立つ旅行を提供しているか。提供しているとすればどのように対応しているのか」「旅館は障害者にとっての自立的な旅行のために，どのように対応しているのか」という問題になる。この問題を明らかにするために，全国の旅館への量的調査を行う計画を立てたので，その調査を例にとりながら研究を進めよう。

　本章では，まず，量的調査法について概略を述べ（1節），次に具体的な調査計画（2節）と仮説作成，調査表作成について述べる（3節）。4節では，調査データを示しそれについて論ずる。

1節　量的調査

　われわれは社会調査の方法を使って障害者旅行に関する研究を進めようとしているので，社会調査とはなにかから整理しておこう。社会調査とは，社会的な問題意識に基づいてデータを収集し，収集したデータを使って社会について考え，その結果を公表する一連の過程ということになる［大谷，1999：6］。社会が複雑であると同様に，社会調査のデータも多様であり，それを収集する調査方法もまた多様である。社会調査の方法は量的調査と質的調査に大別できる。

量的調査とは，数字をもって世の中の現実を語ろうとする方法である。さまざまな統計データという形で，社会的現実を数字で示すこと，そしてその数字の意味を理解することが必要である。代表的な方法は調査票調査である。しかし世の中のすべてが数字で語れるはずもなく，人の涙や笑い，怒りなどは数字という均等な世界に閉じこめられるわけではない。そこで，すなわち聞き取り調査，参与観察法，ドキュメント分析といった質的調査法が社会的現実を知るために重要な役割を演ずる［同上書：7］。本章では量的調査の技法を使った旅館調査について述べ，11章では聞き取り調査，観察調査によるホテル，空港調査について述べる。参与観察調査法の事例としては障害者グループ旅行を事例として12章で触れる。

　量的調査をおこなうのに必要な基本的な方法について整理する。

(1) 調査対象および方法

　社会調査の企画・設計には，仮説の構成や分析枠組み，調査の範囲や対象者，サンプリングや調査の方法，予算やスケジュールなどの確定といった過程が必要であり，調査を実施するには問題意識や課題が明確であり，研究テーマが定まっていて，なおかつこれまでの調査成果では分からない点がはっきりしていることが欠かせない。すなわち，これまでの調査・研究の成果の批判的検討によって明確化された「まだ明らかにされていない点」を実証すべき必要性が高い場合以外，社会調査を安易に実施すべきではない［大谷：19-20］。

(2) サンプリング

　量的調査にとってもっとも大切な段階である。統計学的に妥当なサンプリングをしなければ結果として得られた数字は意味の無いものになってしまうからである。調査を誰に答えてもらったらいいかという調査対象者選定はサンプリングあるいは標本抽出と呼ばれ，社会調査方法論のなかでも重要なテーマと

なっている。量的調査は，全部のサンプルを調査する全数調査（悉皆調査）と，一部のサンプルを取り出して全体を推定しようとする標本調査に大別される。全数調査か標本調査かの選択は，調査課題，調査対象となる母集団の特徴，調査にかけられる人的・金銭的資源によって基本的に決まってくる［同上書：104］。

　サンプリングの技法としては，単純無作為抽出法，等間隔抽出法（系統抽出法），多段抽出法（副次抽出法），層化抽出法（層化多段抽出法）がある［同上書：5章］。

単純無作為抽出法：母集団に1番から順に番号をつけたとして，標本の数だけ乱数表を引くとか，さいころを振るなどしてその都度抽出する方法。この方法はまったくの無作為抽出であり，精度が最も高い抽出法といえるが，サンプリング作業がきわめて大変である。

等間隔抽出法（系統抽出法）：母集団に1番から順に番号をつけ，標本の数だけ乱数表を引くのは大変なので，スタート番号だけを乱数表で決め，残りの標本は等間隔に選んでいく方法。

多段抽出法（副次抽出法）・確立比例抽出法：これは，調査作業の大変さを克服しようとして考案されたものである。全国調査など広い範囲で，単純無作為抽出法を採用すると抽出された標本はばらばらで広範囲にわたり，調査員のコストは大きなものになってしまう。そこで，まず第1段目に市町村などのより狭い調査区域を抽出し，2段目にその市町村のなかから個人を抽出するという2段抽出法である。多段抽出法は副次抽出法とも呼ばれる。

層化抽出法・層化多段抽出法：これは調査や作業の精度を高める目的で開発された手法である。

(3) 調査方法

　調査実施にもいくつものやり方がある。まず調査分類には次のようなものがある。すなわち，調査票を誰が記入するかによる分類（自記式・他記式），調査の継続性に着目した分類（パネル調査・継続調査），配布回収の方法に着目した分類（面接調査・留置き調査・郵送調査・集合調査・電話調査）等がある［同上書：6章］。

　被調査者（サンプル）が自ら記入するのが自記式，調査員など他者が記入するのが他記式である。パネル調査とは，異なった時点で同一の被調査者に，同じ質問をし，個人の意見の変化を見ようとする調査方法であり，継続調査は調査のたびに対象集団のなかから被調査者を選びなおして定期的に調査する方法である。

　ここでは配布回収方法に着目した技法についてみていく。

面接調査法：調査員が被調査者を個別に訪問し，対面しながら質問を投げかけ回答を引き出し，その内容を調査員が調査票に記入していく方法である。被調査者と1対1で直接的なやり取りをすることになるので，本人が回答しているか，周囲の人物の影響を受けていないかが確認でき，被調査者の不確かな場合は聴きなおすことも可能であり，回答内容の信頼性という観点からは精度が高いデータを得ることが可能である。反面，調査員の質に左右されやすく，プライバシーに関わる質問や微妙な問題に対してはスムーズに回答を引き出すことが困難であったり，不正確な回答をされたりする危険性もある。

留置き（配票）調査法：調査票を対象者のところに留め置くことからその名がつけられている。調査員が調査対象者に調査票を直接手渡すなどして配布した上で，一定期間（概ね1週間以内）の間に記入してもらったものを，調査員が後日再度訪問して回収する方法である。

郵送調査法：調査への協力依頼と調査票の配布および回収を郵便によって行う方法である。対象者の居住地が遠隔地や広範囲に及んでいても安い費用（郵送代のみ）と少ない労力で大量に調査できる点が最大のメリットである。

電話調査法：対象者に電話でインタビューする方法である。訪問する必要がないので，時間や労力，費用をあまりかけずに，広い範囲で大量に，何よりも短期間で簡単に調査できる利点がある。

(4) 調査とプライバシー

　このほか調査計画，実施には多くの知識や技術の修得が不可欠であるが，社会調査法に関する詳細な説明はほかに譲ることにする。ただ一点強調しておかなければならないのはプライバシーに関わる問題である。

　個人の身体的情報はプライバシーに属することであり，自分の体型や病気などの具体的な情報を好んで語る人は少ない。こればかりでなく，他人に知られたくないプライバシーに属する情報の範囲は広い。それは障害者にとっても状況は変わらない。私たちの調査は，障害者の旅行や自立を課題とする限り，障害者自身や周辺の人びと，観光や旅行の現場の方々に質問しながら調査することになる。調査内容も，障害の状態や身体的状況ばかりでなく，人生やそれに関する考え方などについてなど広範囲にわたることが予想される。つまり，障害の状態や身体的な状況，考え方などを知ることが，彼／彼女たちにとって良好な，自立的な旅行を考察することにつながるのであれば，その調査は有用であるといえる。調査と個人のプライバシーとは相矛盾する関係にあることを調査者は自覚しなければならない。

　「調査する側」は「調査される側」を対等な人間として対し，調査の目的を明示し，なぜその質問が必要かを説明し，理解を得て調査する態度を保持しなければならない。調査においてもアカウンタビリティー（説明責任）が，調査側に強く求められているのである。また，「調査される人」のプライバシーを

尊重し，その人から得られた調査内容や資料などの管理に関しても細心の注意を払わなければならない。調査者と調査対象者との間の信頼関係の樹立が大切であり，それが成立するとき率直で有意義な調査データを得ることができる。

日本社会学会などでは，社会調査倫理綱領を掲げ公正な社会調査の実施を宣言している。

1節では，量的調査の法の概要について述べてきたが，こうした技法を駆使して障害者旅行に関する調査を企画，実施した具体例を提示しつつ，考察をおこなう。

2節　シルバースター登録旅館調査概要

この調査は，2000年度から3年計画でおこなわれた「障害者にとっての旅行の意味に関する社会学的研究」プロジェクト（研究代表者：米田和史）の一環としておこなわれたもので，2002年度に実施された。この研究についての紹介，その中におけるこの調査の位置づけと問題提起について述べる。

シルバースター登録旅館については，第Ⅱ部においてその概要を紹介している。全国旅館生活環境衛生同業組合連合会（全旅連）が1995年にスタートさせた制度で，高齢者に適応した旅館が審査を経て登録されるものである。

調査計画から調査実施までの日程

調査計画は2002年4月に始まり，共同研究者の討論を経て調査実施の骨格が決定されていった。シルバースター登録旅館を調査対象とした理由は，第1に登録旅館が基本的にバリアフリーの施設であり障害者にも対応する可能性が高く，障害者の受け入れにも積極的に取り組んでいるところも多いからであり，第2に比較的障害者の宿泊受け入れの条件が整っていると考えられるからである。また，これは全国的な試みであり，各地にそれぞれの条件の中でバリアフ

リーに取り組む多様な工夫や各種事業が展開されているからである。さらに，スタート以来数年を経ており，それぞれの体験も蓄積されてきている時期であり，それなりの成果や反省についても認識されてきていると考えられた。

先行する研究や調査についても検索してみたが，障害者旅行に関する量的旅館調査はまだない。また，シルバースター登録旅館に対するこの種の調査はまだおこなわれておらず，本調査が先駆的な調査になりうる状況であった。

全旅連の担当者と連絡を取り，事務所を訪問するなどして，調査の趣旨を説明し協力を要請するとともに，全旅連がおこなっている諸活動についての資料の提供や閲覧の許可を得ることができた。

7月18日には，全旅連宛調査協力依頼文書「宿泊施設の障害者・高齢者対策に関する調査について（お願い）」を送付。添付書類として調査目的，概要を説明する書類を同封した。

7月29日には，平成14年度全旅連シルバースター部会総代会にて調査の趣旨説明および協力要請した。

こうして調査対象者に対する事前の準備は進んでいった。

この調査で採用した調査手法についていえば，悉皆調査，郵送法を使っておこなった。サンプル数は調査時点における全国のシルバースター登録旅館929軒である。調査対象者やその住所などに関しては全旅連の協力により郵送作業をおこなった。2002年11月14日に郵送し，11月31日を回収締切日とした。341票が回収され，回収率は36.7％であった。

3節　仮説と質問

(1) 障害者・高齢者の旅行形態

障害者が自立的な旅行を楽しんでいるかを考えるときにも三つの旅行形態が有効である。すなわち，①家族旅行の段階，②グループ旅行の段階，③個人旅

行の段階である。これは障害者にかぎらずだれでもが経験する段階と符合する。一般的に人びとが経験する旅行は，まず家族旅行から始まる。父母や家族に守られたなかで，日常とは異なった体験をすることになる。次の段階では，家族を離れ所属する学校やサークルなどを背景として友人や関係者たちという，いわば他人とともにグループ旅行に行くことになる。さらに，個人の自由な意思や都合に導かれて，個人旅行する段階が来る。もちろん，個人旅行の段階に達すると，友人とでも，家族とでも，自由にその都度の状況のなかで旅行を楽しむことができる。障害者の旅行体験も同様な段階があると考えられるが，特にグループ旅行は重要な意味を持っている。このグループ旅行は家族からの自立と，個人旅行の可能性を確認し自覚する段階だからである。また，個人旅行を量的に捉えるにはまだ機が熟していないと考えられるため，われわれの調査ではグループ旅行に着目した。

　私たちのいくつかの知見によれば，障害者や高齢者は団体旅行をしているケースが多いという仮説が設定される。何らかの介護が必要となる人たちにとって個人的な旅行には困難がともなうのであり，グループや家族での旅行が選択されるのが一般的な傾向となる。グループ旅行については，施設や学校の集団，地域のグループなどが主にその単位になると考えられる。

　シルバースター登録旅館調査によれば，団体旅行する障害者や老人の状況がうかがえる。質問では，どのような団体旅行を受け入れたかを，老人会・老人福祉施設・障害者グループ・障害者施設などの選択肢を設定して，複数回答で聞いた。あわせて，そのグループはどのような範囲から来たかについても質問した。

(2) 旅館が提供するサービス

　特別なサービスの提供は障害者の望むところであろうか。障害者や高齢者にとって自立的な旅行はなにも特別扱いされることなく，自由かつ快適に移動し，宿泊して，さまざまな体験を楽しむことができることであろう。それはなにも，

障害者ばかりでなく，健常者にとっても変わらぬことでると考えられる。「誰でも，ひとりでも泊まれる旅館」が自立的な旅行にとっては，あるべき姿であり，目標となるだろう。「安心して泊まれる旅館が確保できないから，自分の都合でひとり旅したり，気に入った友人たちとの旅にでたりするのは困難だ」という障害者の現状がある。

旅館はどこまで，どのように障害者を受け入れることができるのか。自然体で特別な構えをとらずに日常的な接待でどのような人でも受け入れることのできる旅館が障害者にとって自立的な旅行に出かける条件になる。

しかし，障害や困難をもつ人びとにとっては，健常者用に作られた施設やマナー，ルールはアクセスが容易でないこともあるし，不可能なことさえある。自由に自分の意思で，「ああしたい」「こんな経験したい」という旅館・ホテル生活への期待や欲求を実現するには，健常者仕様のサービスでは不十分であることもある。

このような状況を踏まえて，旅館側の障害者・高齢者に接する基本方針についてつぎのような仮説を設定することができる。

障害者や高齢者を受け入れるにあたっては，顧客の条件や希望をすべて承知した上で，そのニーズにこたえるべく日常的な他の顧客たちに対するのとは異なる特別な接待やサービスをおこなうという基本方針があろう。ここではこの方針を「特別サービス型」と呼ぶことにしよう。この方針に沿って接客するとなると，旅館側の負担，とくに現場で直接接客する担当者の負担は厖大なものになっていく。

日常的，一般的な顧客サービスを基本としながら個々の顧客に必要なサービスを加味する，もしくは変更する基本方針がある。これを「柔軟サービス型」とする。この方針によれば，旅館側の負担は軽減されながら，顧客の精神的負担も軽くすむ。

第3の基本方針は，一般的な顧客に対するサービスと区別しないサービスを提供する方針で，「平常サービス型」と呼ぶことにしよう。

障害者や高齢者に対するサービスに関するこの3類型は旅館の障害者対応に

おける3段階と考えることもできる。すなわち，障害者を受け入れることにした初期においては，どのような対応が適切なのか障害者の多様な状況について個々のケースを細かく知ったうえで，その顧客のためのサービスを提供とする段階である。受け入れた経験の少なさが，「特別サービス型」となって現れると考えられる。

障害者対応の経験が増すにしたがって，個々の状況を事細かに認識しなくてもいくつかのパターンによって対応できることがわかり，旅館独自の判断で柔軟なサービスを提供することによって，顧客を失望させず，満足させることができるノウ・ハウを獲得することができる。「柔軟サービス」の段階である。この段階では旅館の健常者に対する一般的なサービスについても変化が現れることにもなろう。

「平常サービス型」の段階では，旅館全体が一般客に対してもレベルが向上し，ユニバーサルなサービスの提供が可能になっていることを自覚する段階である。

このようにみてくると，特別サービス型→柔軟サービス型→平常サービス型という，3段階にもなると考えられる。この仮説によって，三つの選択肢を準備して尋ねた。

こうしたいくつかの仮説にもとづいた質問にくわえて，フェイスシートと呼ばれる調査対象となる旅館の属性，例えば創業年，シルバースター登録時期，温泉の有無などの質問項目を入れた調査票が作成された。調査票はサービス，食事，予約時の対応，フェイスシートの4項目，20問の質問からなるもので，調査協力依頼の文書部分も含めて4ページであった。

4節　結果と考察

(1) 障害者受け入れ状況

　シルバースター登録旅館は，高齢者や障害者をどの程度受け入れる体験をもっているかの質問に対する結果を表10-1に示した。高齢者団体を受け入れたことのある旅館は68％で，高齢者のグループ旅行はかなりあることがわかる。しかし，その他高齢者施設の旅行，障害者グループの旅行，障害者施設旅行を受け入れた経験はいずれも20％台に止まっていた。地域の老人会やゲートボール愛好者グループなどの旅行は比較的に活発におこなわれてはいるものの，その他はまだ少ない状況ということができる。

表10-1 高齢者・障害者団体の受け入れ経験（％）

	団体	関係施設の団体
高齢者	68.0	22.6
障害者	20.5	25.5

　つぎにこれらグループのどのような地域から来るのかについて尋ねた。その結果を示した表10-2によれば，同一市町村や市内の同一地域からのグループを受け入れた経験を持つ旅館がそれぞれ4分の1程度あり，興味深い。

表10-2 グループ旅行の旅行範囲（複数回答，％）

旅行範囲	％
地域内	23.2
同一市町村	25.8
同一県内	45.7
県外	44.3

　以上二つのデータから障害者や高齢者の旅行ではグループ旅行が多く，それ

も割合と近距離の旅行が多いことがわかる。県内グループを受け入れている旅館は45.7％,県外グループ44.7％で,大差はないとはいえ,市内やさらに地域内といった近場のグループを受け入れている旅館が約4分の1ある。

シルバースター登録旅館を活用して旅行を楽しんでいる障害者は,まだ多数であるとはいえない。それに,旅行目的地も近場であるケースも多い。自由な,自立的な旅行を計画するのにシルバースター登録旅館を活用するという意欲や,そのための情報が行き届いていない可能性がある。本当に安心して宿泊できる環境が整っているか明確にされなければならない。

(2) 旅館の柔軟な対応姿勢

では,実際にシルバースター登録旅館は障害者に快適で,自由な自分の意志に従って旅館宿泊,滞在を楽しむことができる条件やサービスを提供しているかの問題について見ていく。まず,障害者・高齢者対応の基本姿勢の3類型についての結果から見ていく。表10-3である。

表10-3 シルバースター登録旅館の障害者・高齢者対応の基本姿勢（％）

サービス類型	
特別サービス	6.2
柔軟サービス	66.8
区別しないサービス	23.2

この結果によれば,第2段階の「柔軟サービス型」が約3分の2を占め,つぎに「区別しないサービス」が4分の1近くあった。第1段階である特別サービス型はすでに少ないことがわかる。一定程度の経験のなかで,特別な対応やサービスが顧客を満足させるのではなく,柔軟な姿勢や区別しない姿勢が評価されることを認知したからであると考えられる。この特別なサービスや柔軟サービスを心がけている旅館がどのような部分で,特別な配慮やサービスを提供しているかについて,具体的にみておく必要がある。彼等のなにか特別な接

客経験が特別なサービス提供の方針と結びついているかを考えておく必要があるからである。このことを知るために，質問票には具体的なサービス内容についての自由回答欄を準備しているので，その記述から探ることができる。

　旅館で快適で不自由なく宿泊入浴，食事，館内施設利用などを楽しむことができるように障害者や高齢者のために提供したさまざまな配慮が自由解答欄に記載されているので，その結果を整理してみよう。予約，チェックイン，入浴，食事，部屋，館内生活の項目で整理する。自由記述欄に記載された項目は数も多く，内容もきわめて多様であった。総計で250項目を超えていた［米田和史，2003：137-145］。

予約

　予約段階における配慮として，高齢者や障害者用の予約フォームを作っている旅館はそう多くはない。ファックス用フォーム有りは19軒（5.6％），インターネット用フォーム有りは11軒（3.2％），電話聞き取り用フォーム有りは42軒（12.3％）であった。

　予約時に確認する項目についてみると次のような結果が得られた（表10-4）。

表10-4 予約時確認事項（複数回答）

確認事項	確認する	
介護者の有無	66軒	19.4％
障害の内容程度	57	16.7
客室の位置希望	74	21.7
車いす準備の必要性	71	20.8
食事の配慮	73	21.4
送迎の必要性	69	19.1

　この表で，「客室の位置」は客によって館内の移動に困難がある場合には客室をエレベータの近く，あるいは食事や入浴に便利な場所，1階もしくは低い

階といった希望を聞いているのであり，「車いすの準備」は館内や旅館周辺の移動に準備を希望するかを確認するのである。こうしたフォームはその後顧客カードとしても活用され，リピーター客は説明を繰り返す必要はなくなる。その場合，個人カードの管理が厳重におこなわれているのは当然である。

チェックイン

　チェックイン，チェックアウトの手続きの簡略化に務めている旅館は多い。また，一般のチェックイン・アウト時間は混雑するので早めのイン，ゆっくりしたアウトで対応する。最も余裕ある時間帯の提案としては，午前中に受け入れ，昼過ぎのチェックアウトという配慮を報告したケースもあった。

入浴

　日本の旅館でもっとも楽しみなのが入浴である。温泉場であれば最も期待されるところとなる。満喫してもらうための配慮の主なものは，貸しきり家庭風呂の優先利用や無料・割引利用である。個室風呂には手すりや洗い場の腰掛，段差解消などに工夫して改装したケースも多い。

食事

　食事に関する配慮が最も件数が多い。入浴とならんでもっとも楽しみなイベントであるため，個人的な都合や要求も多様である。味付け，病状対応，食事制限対応などの個別的対応にかんする報告が多い。さらに，きざみ食，ミキサー食といった希望にも対応している。

　食堂も掘り炬燵式のテーブル，いすのテーブルが適しているケースもあるので客の状況に応じて対応している。

　食事についての配慮は多岐にわたっているが，後日いくつかの旅館で聞き取り調査した際にある料理長は，「料理人として心を込めて調理し，美しく盛った料理を，きざみ食やミキサー食にするには，最初は抵抗感がありました。しかし，それぞれの身体的な状況を知るようになってそのような方たちにも食べ

もらいたいという気持ちになりました」と語った。直接客に接するスタッフばかりでなく，旅館全体の障害に対する理解が進んだことがわかる。
　高齢者に適した食事や障害をもった客のための特別な配慮など食事に関する研究も旅館組合などによって活発に行われている。

部屋
　客室については館内の位置ばかりでなく客の身体的状況，特に足や腰に困難がある場合には洋室，布団ではなくベッドの部屋を準備する。和室のみの場合は座いすや部屋用いすを準備する，和室にエキストラベッドを入れる，緊急時脱出に便利な部屋を提供するなど，各旅館の状況によって多様な配慮が工夫されていた。
　バリアフリールームとしてスイートルームを障害者用に提供しているケースもあった。

その他
　さらに積極的に障害者スキープランを提案している旅館もある。また，ゾーン内に隣接する病院と緊密な関係を保って，客の健康上の問題にすばやく対応できる態勢をとっている旅館もあった。

　量的調査から得られたデータのうちいくつかについて若干の考察をおこなってきたが，まとめて言えば，初歩的とはいえ，前向きな障害者や高齢者対応を心がける旅館・ホテルが出現しているといえる。シルバースター登録旅館という一定の基準を満たし，意識的に受け入れの姿勢を明らかにしている宿泊施設はそれぞれの現有資源のなかで改修や工夫を行っているのである。
　このような姿勢の旅館に宿泊する障害者や高齢者は，自分の状況に耳を傾け具体的な配慮する態度に安心感を得ることができる。こうしたことが旅をゆっくり楽しむ第一歩になる。
　この調査では，量的データ以外にも多数の資料を回収することができた。回

答を郵送する際，独自におこなっている取組みや地域ごとにおこなっている活動などについての資料やパンフレットなどを同封するよう依頼していたために，期待以上の資料が収集できたのである。全国には親身な旅館が数多くあることを改めて知ることができた調査であった。

　なお，この調査から得られたデータおよび分析は報告書として公刊された［米田，前掲書］。

第11章　見学・聞きとり調査

　本章でとりあげる聞きとり調査は、質的調査の中では、もっとも頻繁に活用される技法である。とりわけ旅行や観光をテーマに研究する場合には有効な調査方法の一つである。さらに、見学的要素を含めた事例を本章では紹介し、ここでは「見学・聞きとり調査」と呼ぶことにしよう。すなわち、旅行や観光を研究する際に必要不可欠である、宿泊施設や交通手段を調査する際に有効な技法である。本章の1節では、聞き取り調査について概説する。2節では宿泊施設、3節では空港のそれぞれの事例を、第9章にて提起した問題に即し述べていく。

1節　見学・聞きとり調査の方法

　量的調査を行うことによって、対象とする社会全体の傾向をつかむことができる。しかし、「なぜ」とか「どのようにして」ということを量的調査によってつかむことは難しい。質的調査は、「なぜ」とか「どのようにして」といった、社会事象を説明するためのメカニズムを知ろうとするときに威力を発揮する［大谷, 2001：204］。質的調査をおこなうのにも、問題意識を明確にしておかなければならない。「話を聞けばわかるだろう」「観察を始めれば何か重要なことが浮かんでくるだろう」、こんな身構えは非常にまずい。なんといっても対象者たちに対して迷惑をかけるばかりであるし、調査者自身だって困るだろう［同上書：207］。「予測していなかった知識を得る」ということは質的調査に共通するメリットである。しかし「まったく何も予測しない」ということではない。予測があってこそ、予測を裏切ってくれる知識を得ることが出来る

[同上書：207]。まずはしっかりとした問題設定から出発し，明確な調査課題を立てよう。

調査の進め方は次の5段階に区分することができる［同上書：208］。
① 調査企画段階：問題意識，調査課題の設定
② 調査課題段階：調査技法，調査対象の設定
③ 実査段階：データ素材の収集
④ データ作成段階
⑤ 分析・公表段階

聞きとり調査

調査者と調査対象者との間で質問と回答という相互行為をおこなうことは，英語では「interview」，日本語では「面接」と呼ばれている。社会調査技法としての面接は大きく二つに分けられる。

指示的面接法：質問の数や個々の質問内容を変更せずに，すべての調査対象に対して同じ順序で質問する技法である。
非指示的面接法：相手によって，状況によって，質問の順序や質問内容を変更したり，削除，追加したりしながら，臨機応変に進める技法である。

聞きとり調査は非指示面接法のことをさしている。この調査方法は，別に「自由面接」，「聴き取り調査」などの名称がある。聞きとり調査は質的調査のなかではもっとも頻繁に活用されている技法である［同上書：210-211］。聞き出す姿勢を大切にして，データ収集のためのインタビューを成功させる方法として次のように整理されている［同上書：212］。

① 質問項目をしっかり用意しておく
知りたいところをあますところなく対象者から聞き出すためにも，質問項目の一覧は必要となる。聞きとり調査の最中や終了の直後に，聞きもらしがない

かどうかをチェックするのにも役立つ［同上書：212］。
② 会話のキャッチボール
　聞きとり調査では，対象者が質問の意味を即座に理解できなかったり，質問とは無関係の方向に話がそれてしまったりすることもしばしば起こる。こういう場合には，調査者の側である程度誘導していく必要がある［同上書：214］。
③ 問題は何か
　「聞き出す」という姿勢も重要だが，それ以上に問題意識から出発して準備を整えておくことがより重要である。

　以上のことを念頭において，実際の調査はどのようにおこなわれているのかについてみていくことにしよう。

2節　宿泊施設の調査

　ただ単純に「ホテルを見学したい」では施設見学であり，それは調査とはいえない。ここでは，一歩進めて「ホテルの何について知りたいのか」について考えてみることにしよう。つまり問題設定をすることである。第9章では，障害者が自立的に旅行するためにはどのような旅行をすればよいかという全体の問題を提起した。本調査では，障害を持っていても1人で宿泊することができるか，すなわち，そのような旅行を実現するための設備やサービスはどのようなものかという点について調査をすすめていく。
　障害者への配慮をしているホテルは，前述したさまざまな施策や社会の理解によってますます増えており，その研究や報告も多い。とりわけ，東京新宿にある京王プラザホテルはいち早くこの領域で先駆的に努力し注目されてきた。例えば，雑誌「月刊ホテル」2000年3月号には，「特集：高齢化社会到来ホテルと旅館のバリアフリー対策」という記事があり，ホテルニューオータニとともに紹介されている。2000年8月，流通経済大学社会学部国際観光学科の学生

たちは，実際に京王プラザホテルを訪れ見学をしている。その報告は『観光研修（北米）研究報告書おっつー』にまとめられている。それによれば，トーキングサイン，ドアスコープのノックセンサー，筆談器など多くの機器を開発導入しているばかりでなく，シャンプーとリンスの区別のために輪ゴムを巻くなどのきめ細かな工夫についても述べられている［流通経済大学根橋研究室，2001：96-99］。これら京王プラザホテルでの調査は，われわれにとって，このあと紹介するさまざまなホテルへの見学聞き取り調査の質問項目や見学姿勢の基礎になった。それをもとに，2002年におこなった千葉県浦安市にあるホテルミラコスタの調査（事例1）と千葉県柏市にあるザ・クレストホテル柏（事例2）について紹介する。事例1ではおもに見学聞き取り調査の実践について，事例2では調査計画から見学調査の実践までを述べよう。

(1) ホテルミラコスタ

　新しくテーマパークに隣接してできたホテルがどの程度バリアフリーを意識して設計され，自立的な旅行ができるのかという問題意識からおこなった調査である。これは2002年度の障害者旅行論で，大学院生と学生2名でおこなった調査で，同年7月15日，ホテルを尋ね，従業員への質問や，施設の見学をおこなったものである。パンフレットによれば，「ホテルミラコスタはディズニーシーのテーマポート，メディテレーニアンハーバーのポルト・パラディーゾという美しい港町の岸辺に建っている。ミラコスタという名称は，『海を眺めること』というイタリア語から名づけられた。その名の通り，目の前には地中海を思わせる港町の景色が広がり，さらに海をステージに繰り広げられる華やかなエンターテイメントの数々が，滞在するゲストを楽しませている。」と紹介されている。つまりヨーロッパ地中海の町並みを模して作られた東京ディズニーシーと一体的に設計されており，地中海の港町に宿泊している気分を味わえるのである。

図11-1　館内マップ

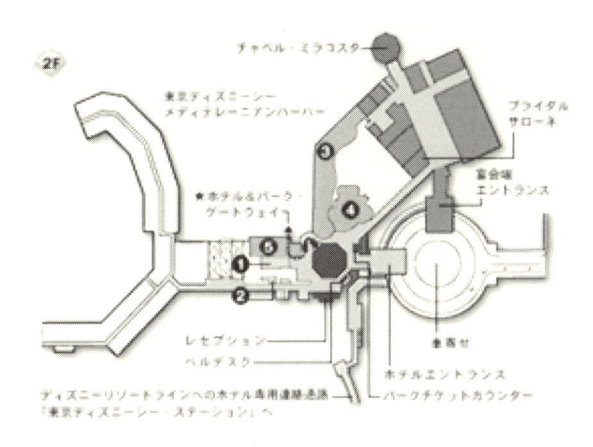

出典：ホテルミラコスタホームページ（http://www.hotelmiracosta.com/japanese/index.html）

今回の調査では，従業員の指導係の役職を持つ方が案内してくれることになった。まず，ホテル内の設備について宿泊客が行動する順序で案内してもらった。

館内全体の設備

ホテルに到着するとはじめに宿泊客が利用するチェックインカウンターである。1メートル以上の高さがあるので，チェアウォーカーのために，通常とは別にチェックインカウンターが用意される。図11-2はチェックインカウン

図11-2　チェックインカウンター

ターの様子である．また，視覚障害者のための点字によるパンフレットはないが，点字の触地図がロビーに設置されおり，自分自身でホテル内の設備を確認できる工夫がされていた．

館内の移動に関する設備

　ホテルミラコスタには，ディズニーリゾート内ならどこでも利用できる貸出用の手動車いすが10台用意されていた．また，エントランスや通路は傾斜をなくし，通路は広くとることで車いすでも容易に通れるようにしてあった．
　エントランスの下にある駐車場には車いす専用の広めのスペースが5台分用意されていた．また，フロントと連絡できるインターホンが設置されていた．当然，駐車場からフロントまで行くために，車いす用のエレベーターが設置されている．
　視覚障害者のための設備として，エレベーターには点字表示があり，ミッキーマウスの声での音声案内がディズニーリゾートならではの演出である．

客室

　視覚障害者が宿泊する場合，骨電動電話やFAX，光で電話の着信を知らせるフラッシュベルを設置する．また，異常時にはベルを3回鳴らすと係員が部屋へ向かうように決めている．これはチェックイン時に宿泊客へ伝える．また，標準装備として，文字放送を受信できるテレビが設置されており，聴覚障害者

図11-3　客室内

に役に立つ設備である。バス・トイレは車いすのまま出入りできる広さを確保しており，必要に応じて可搬式の手すりやバスマットが設置される。なお，客室はフルオートエアコンになっており，0.5℃単位で操作することができる。図11-3は客室内の写真で通路が広くとられ，車いすでも自由に移動することができる。

客室を一通り見学させてもらったあと，接客などのソフト面の対応に関して会議室でインタビューをおこなった。

従業員教育

　車いす，視覚障害者，聴覚等障害者に対し，ハード面での環境から平等に満足の行き届いたサービスを提供するため，従業員教育ではホテルの母体であるオリエンタルランド社が手話サークルをはじめ，心のエチケットとして車いすを押す練習等，障害を持った宿泊客の立場に立った教育を行っている。

　普段から気をつけている点は，過剰なサービスをしないという気配りを従業員全員が心掛けている事である。人間は十人十色で，それぞれもっている価値観が違う。障害者の宿泊客に同情して過剰な気配りをしても，喜んで頂ける宿泊客もいるが，逆に嫌がられる場合も多い。宿泊客は一体何を求めているのか，心理的に読み取る事は正直言って難しい。従って普段通り臨機応変に，一般の宿泊客同様にサービスを提供しているそうである。また，毎月1回バリアフリーに対する会議が行われ，カレントな情報をもとにハード，ソフト面に最新の注意を払い，CS（Customer Satisfaction）を提供できるようにしている。従業員教育で一番大切なことは，従業員各個人がサービス精神やホスピタリティーを提供する前提となる「プロ意識」をしっかりと持たせ，障害者の有無を問わず，すべての宿泊客に平等なサービスを提供し，楽しみながらサービスする事が重要であると，担当の方が話してくれた。

予約の方法

　電話予約の際は横浜の専用予約センターを通し行われるが，電話で予約することができない宿泊客は，FAXでの予約ができるしくみになっている。予約した段階で障害を持つ宿泊客の情報は，翌日にはホテルに連絡され，その状況に合わせた対応措置を手がけるようにしていくとのことである。さらに，予約の段階でもホテル利用時に使用する貸出し用の車いすを予約することができる。なお，ミラコスタが保有する車いすは，チェックアウトまで自由に使うことができる。同じく東京ディズニーリゾート内にあるホテルアンバサダーも5台保有している。

案内

　ホテルには，手話の出来るベルボーイやレセプションの従業員（各1名）が手話ピンを付けており，聴覚に障害を持つ宿泊客も安心して利用できる体制が整えられている。車いすでのチェックインの宿泊客は，一般客が利用するレセプションデスクの他に，車いす専用のテーブルが設置してあり，ここで必要な手続きや説明等を聞くことができ，チェックアウト時も同じ要領で実施される。聴覚障害の宿泊客とは筆談や口話法でコミュニケーションをとることが多いという。そうする事によって連絡ミスやトラブル等を未然に防ぐことができるのだろう。

客室内でのサービス

　ルームサービス，部屋内の案内等は宿泊客に言葉でしっかりと伝える。何か緊急事態が生じた時は，部屋内に設置してあるベルを3回押せば係員に伝わるようになっている。内部に障害を持つ宿泊客には，肺疾患などの人のための酸素ボンベや腎機能などに障害を持つ人には，人工透析マシンを設置する。エアコンの位置も車いす用の高さで，骨電動電話も設置してあり，部屋内でも安心して快適に夢のある生活を楽しんでもらえるよう心掛けている。

(2) ザ・クレストホテル柏

　2003年度の障害者旅行論では，秋学期に調査計画を立てホテル見学を実施することになった。平日であることも考慮し，見学後は再び大学へ戻れることを考慮し調査地点を選定した。インターネットで情報を検索していたところ，常磐線柏駅前に2000年にオープンしたシティホテル「ザ・クレストホテル柏」があることを知った。ホテルのサイトには「バリアフリー設備」というコーナーがあり，バリアフリールームがあることを知った。「はたしてこのホテルに障害を持っていても一人で宿泊することができるのか」を問題に設定し，ホテルの方針についての聞き取りおよび設備，サービス面に関する観察等を実施した。

事前の準備

　まずホテルに調査の依頼をするために電話で1ヵ月後に見学と質問をさせてもらう旨を伝えたところ，質問項目を事前に送るようにいわれ，ファックスで送信した。後日返答があったのが以下の内容である。

表11-1　ザ・クレストホテル柏からの回答

ザ・クレストホテル柏でのバリアフリーは下記のとおりです。 1．施設＆設備 バリアフリーに対応した設備は，どこか？ 基本的にバリアフリーとは，来館時からすべての動線でなければ意味がないと考えております。（具体的なイメージは，車いすの方〈介護者あり〉が目的の行動を果たせることを前提としています。） ＊　具体的な施設 館外からの出入口からスロープがある。 ロビーから段差がなく移動できる

> レストランでの食事が可能。
>
> 客室（バリアフリールーム）の用意。
>
> 宴会場への導線，出入口での不便はない。
>
> 2階に特設トイレの用意。
>
> オリジナルの工夫
>
> お客様が健常者と激しい区別を受けることなく，各施設を使えるような設計。「ここが特別です」という区別をしないことが，かえって障害者に心理的な圧迫を与えないと考えております。「普通」に過ごせることが目標です。
>
> 2．サービス
>
> 【チェックイン】車いすの場合，レジカードをバインダーにつけて，お客様本人が手許で書けるようにしている。
>
> 【専用申込書】ご要望が特にない限り，特別な区別はしていません。
>
> 【高齢者・障害者への障害の程度，疾病の症状の質問】ホテル側から積極的に質問することはありません。すべてお客様からご要望があった場合，お応えできる範囲でお応えします。
>
> 【食事】ホテルの前提として，健常者の方とは区別はしていません。（例えば「味は薄めに」「量は少なく」など事前に申し出ていただいた場合はご用意いたします）
>
> 【マニュアル等】特別な区別をしていません。

　これらの質問を調査に行く前に知ることができた。1の施設・設備に関していえば，この回答に沿って見学すればよいし，ホテルの方針も知ることができたので，当日はそれを踏まえた質問することができた。

調査の実施

　2003年12月，いよいよ調査当日となった。ホテルのロビーで集合し，学生10名，大学院生，教員の計12名でホテルを訪問した。支配人室の担当者2名が学生たちのインタビューに答えて，ホテルの方針，基本的な考え方や現状につい

て説明した。その後ホテルが準備した館内用の車いすに学生が乗り、館内および、客室、ダイニングスペースなどを移動しながら、観察とそれぞれの施設、設備に関して個別的な質疑応答がおこなわれた。

3節　成田空港調査

　障害者が旅行する際にネックになること、すなわちバリアとしてあげられるのが「移動すること」である。近年、公共交通機関において、ノンステップバスの導入、駅へのエスカレーターの設置などさまざまな改善が急ピッチでおこなわれている。これは、第Ⅱ部で述べたように、交通バリアフリー法の施行が大きな要因になっているといえる。そのような中で、日本の玄関として機能しており、海外旅行には必ずといっていいほど利用する新東京国際空港（現成田国際空港）を、2003年度の障害者旅行論において見学・聞き取り調査を実施した。

調査までの準備
　まず、障害者はどのように空港を利用するのか文献やインターネットで調べてみることにした。おりしも第1ターミナルの改装が終わったばかりで、どのように交通バリアフリー法の施行を反映した改装、設備になっているのか。1996年に出版された、おそどまさこ『障害者の地球旅行案内』によれば、体に障害のある人の出国審査は、たいてい航空会社の職員用通路から、係員に誘導されて早めにすませることができる。途中で何かしたい場合には遠慮なく、もっとゆっくりとか免税店に寄りたいとか、車いすを押す係員にはっきり意思を伝えること［おそど，1996：158］とあり、特別な通路を通り、係員に車いすを押されて搭乗すると書いてあった。はたして今回自分で移動できる設備に改装されたのだろうか。
　次に成田空港公団の見学担当部署へ電話を入れ調査の依頼をした。その際に、

こちらの調査の意図を伝え，日時を決定し案内してもらうことになった。その際，第1旅客ターミナルと第2旅客ターミナルのいずれかを選択することになったが，「どのように改善されたのか」という問題に即し，旧来からの設備の変化を調査するために，第1旅客ターミナルを見学・調査させてもらうことにした。なお，通常は海外渡航者と関係職員以外立ち入ることができないエリアを見学することになるので，税関に提出するための参加者の氏名と所属を記した用紙を事前に提出し，当日は旅券（パスポート）を持参するように指示された。さながら海外で調査する気分である。

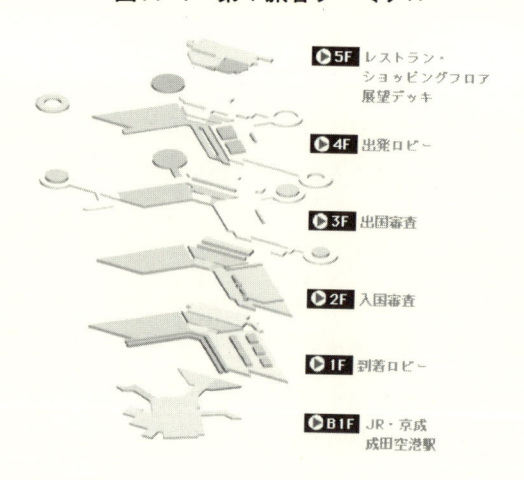

図11-4　第1旅客ターミナル

- 5F　レストラン・ショッピングフロア　展望デッキ
- 4F　出発ロビー
- 3F　出国審査
- 2F　入国審査
- 1F　到着ロビー
- B1F　JR・京成　成田空港駅

空港の設備

調査当日は，成田空港駅（JR，京成とも同じ位置にある）改札を過ぎ，さらに荷物検査を通過した地点に集合することになった。なぜなら海外旅行はここからスタートするからである。自家用車やバスで到着した際，あるいは空港内の駐車場からきた場合には若干ことなるがのちほどフォローすることにしよう。集合場所では成田空港公団空港計画室の室長代理とターミナル係長が空港内の各施設を案内しながらインタビューに答えてくれた。うち1人は空港のバリアフリー設備にとても詳しい方である。待ち合わせの時間になると，担当

者が現れ簡単に調査の挨拶をする。われわれ調査者は10名ほどおり，社会科見学のようである。各自記録用紙を持ちながら丹念に記録をとっていくのはもちろん，記録係はカメラを手に設備を写真に収めていった。

図11-5　駅からビルへ続くスロープ

駅から出発ロビーまで

　まず，鉄道の駅のある地下1階から4階の出発ロビーへ続くルートへは，海外旅行する際は大きな荷物を持ちながらの移動になる。まず駅とターミナルビル地下1階は若干の高低差がある。そのためエスカレーターが設置されておりカートごと乗せることができるが，車いす1人でそれに乗るのは危険であろう。それでは，車いすの場合どのように移動するのだろうか。エスカレーターの右脇に別に徒歩用のスロープが設けられていた。床の材質はざらざらとした滑りにくい素材でできており，ここから誘導ブロックがターミナルビルに向かって続いていた。はたしてどこまで続いているのだろうか。ちなみに，通路に点字ブロックが設置されていたのはここだけであった。説明によれば，海外に出国する旅行者はスーツケースを持った人が多いので，誘導ブロックが多いとこれが邪魔になり歩きにくくなるというのが理由だった。ターミナルビルにはストレッチャーも入ることができる。

図11-6　ターミナルビルに向かう誘導ブロック

　大きなエレベーターが6基設置されており，各階に移動することができる。これは車イス利用者だけではなく，大きな荷物を持った人のためでもあるという。もちろん間口も広く，車イスでも簡単に操作できる低めの操作盤と後方を確認する鏡が取り付けられていた。なお，誘導ブロックの色に関して一般的には黄色が多いように思われる。図11-6の誘導ブロックも黄色であるが，成田空港では建築物のデザインに合わせるために他にも数々の色を使っているとのことだった。黄色が弱視の方にとって一番見やすい色だと聞いていたがそれは間違いだという。例えば，空港内の案内表示をみると背景がグレーなのに対して文字の色は白になっていた。これも，見学からわかった知見である。

出発ロビー

　ターミナルビル4階が出発ロビーである。誘導ブロックを実際に歩いてみると案内カウンターにたどりついた。ここでは車いすの貸し出しをしているほか，手話での案内をするために，毎週手話勉強会をしている。耳が聞こえない人の自立的な旅行に役に立つサービスである。さらにカウンターには『ふれあい』が用意されていた。これは体の不自由な利用者が空港内での基本的な行動をス

ムーズに行えるよう，利用可能な各種施設の案内や，動線，手続き案内を網羅したガイドブックで，視覚障害者が読めるように各ページにタッチプリント（点字）を施しているほか，弱視や色盲でも読めるように，文字サイズを大きくし，中間色の使用を抑えている。さらに車イスで利用できる動線を表示しているといった特徴をもった案内冊子である。

　海外旅行の場合は，航空会社のチェックインカウンターで搭乗手続きをする。ここからは各航空会社の係員が案内をすることになっている。今回は飛行機に搭乗しないのでチェックインカウンターは通過する。

出国審査場

　ここで，首からさげることができる通行許可証を担当者から受け取る。いよいよ出国エリアに入る。まず荷物検査場は，車いすが通過できる幅があった。ここから先は撮影禁止である。出国審査場は3階にあるので，通常は階段かエスカレーターで降りることになるが，エレベーターも2基設置されていた。出国審査を受ける際には，鉄道の駅のように，車イス利用者は事務室と直結している窓口の広い通路を優先的に通行できる。担当者へ質問してわかったことであるが，今後，税関などのカウンターを低くするかどうかについて検討中だが，かえって健常者にとって使いにくくなることにもなりかねないので，これから議論になりそうだということであった。

搭乗口まで

　出国審査場を過ぎればいよいよ搭乗するばかりである。待合ロビーがあり免税店がある。ここでは改装前にはなかった設備を見つけることができた。まず，化粧室には車イス専用のトイレがあり，入り口は開閉ボタン付きの自動ドアになっている。間口も広いのでスムーズに入退室ができ，内部には手すり，便器の後ろには背もたれがついていた。水を流す方法も，視覚障害者でも分かり易いようにセンサーとボタンの二つが併用されている。内部にはインターホンも設置されており，気分が悪くなった際に連絡できるようになっていた。奥にみ

図11-7　車いす用のトイレ

られるが，さらに一部の化粧室ではオストメイトと呼ばれる人工肛門・膀胱の使用者にとって利用し易い設備に改良されていた（図11-7）。今後改修予定の化粧室はこの設備をすべて取り付ける予定だという。また，以前動く歩道が増設されており，さらに交通バリアフリー法のガイドラインにしたがい，幅が1,400mmから1,600mmになっていて車イスでも楽に乗り降りができるように改良されていた。

　空港内の電話や水飲み場などは，通常の高さのものとは別に車いすの高さでも利用できるように低い位置にも設置されていた。その他，子供用のプレイルームや授乳室が設置され，多種多様な利用者に便利な改造がなされていたことを付け加えておこう。なお，成田空港では，2000年に施行された交通バリアフリー法は2010年までに完全に対応する予定である。いままできたルートを搭乗客とは逆の方向にすすみ，出発ロビーで解散になった。聞き残した質問は，先ほどもらった名刺のアドレスに送信させてもらうことにした。

その他設備

　見学・聞き取り終了後，駅からのルートでは通らなかった駐車場を見学した。

ビルの出発・到着階のカーブサイドには，体が不自由な利用者のためにスロープを設けた優先乗降場が設置されていた。案内によれば，身体障害者手帳などを提示すると停車位置の案内をしてくれるようだ。

　第1ターミナルの駐車場には，専用駐車スペースが用意されていた。また，料金を精算する際，身体障害者手帳などを提示すると料金が半額になる。

図11-8　身体障害者用駐車スペース

図11-9　車いす乗降場

ひとりで出発し到着できる空港

　われわれは，見学しながらさまざまな質問を担当者に投げかけた。その一つ「成田空港が目指す空港とは何ですか」の質問に対し，「誰もがひとりで利用できる，出発したり到着できる空港が一番の目標です」との返答があった。「誰も」には，日本語が話せない人でも，子供でも，老人でも，障害をもった人でも…と多様な人びとやケースを想定していて，国際空港ならではのさまざまなバリアをなくす試みに挑戦している。案内表示や出発待合スペースのさまざまな施設や設備に施された工夫はそれらのあらわれであろう。

第 12 章　参与観察調査　施設の旅行に参加する

　社会調査の中に観察法という手法があることは前述した。観察法とは,「視覚を中心にして調査者が調査対象者を直接的に把握し記述する方法」のことをいう［北沢・古賀編, 1997：28］。この観察法の中で,「調査者が対象者の生活する社会や集団に参加し, 参加者自身の視点から対象社会の構造や対象者の解釈過程を観察しようとする方法」を「参与観察法」と呼ぶ［同上書：29］。
　本章では, 実際に知的障害者の授産施設旅行に参加して調査する参与観察の実践例を紹介しながら, 実際に参与観察調査について論じていく。

調査対象について
　今回知的障害者授産施設の宿泊研修に同行し, ボランティアという形で参与観察させてもらった。『社会福祉辞典』によれば,「授産施設とは, 身体上・精神上の理由または世帯の事情により就業能力が限られている者を入所・通所させ, 就労または技能の習得のために必要な機会・便宜を与えて, その自立を助長することを目的とする施設」のこと。授産施設には, 身体障害者授産施設, 重度身体障害者授産施設, 精神薄弱者授産施設, 精神障害者授産施設がある, と法律で規定されている［社会福祉辞典］。
　この施設には18歳以上の知的障害者が入所し, 陶芸, 木工, 製袋といった作業を通じ職業訓練をしている。年間行事の中に, 日帰り遠足, 運動会や年に一回宿泊をともなう「宿泊研修」がある。

1節　参与観察調査の進め方

　それでは参与観察の手順と方法について，この授産施設の宿泊研修のデータをもとに説明していく。今回は，2004年8月下旬に行なわれた1泊2日の宿泊研修の観察データをもとに論じる。なお，行き先は新潟県である。

(1)　事前調査

　参与観察をおこなう場合には，事前に施設の様子や観察者のことを知らなければならない。今回の調査では，宿泊研修実施の2日前に観察者が施設に出向き，通常この施設での作業の様子，観察対象者の観察とラポール（信頼関係）の確立，そしてこの宿泊研修の目的や意図に対する園長へのインタビューやボランティアとしての注意事項や説明等を聞いた。
　今回の宿泊研修での目的を園長にインタビューした。それによれば，この宿泊研修は①普段旅行を体験できない利用者に対し，施設で旅行することによってさまざまな体験をさせる，②一定額（3,000円）のお小遣いを自分で管理する能力を養う，③予定の時間を守り集団での生活ルールを守る訓練をする，④家族と離れることにより身のまわりのことは自分でやる，という四つの目的がある。まず，この調査では，宿泊研修が意図する目的が，本人にとってどのように達成されているかを観察する必要がある。つまり，この宿泊研修が本人にとってどのように自立に資する旅行であるかという問題を設定し，これを中心に観察していくことが，今回の観察調査の最大の目的になる。
　今回ボランティアとして旅行に同行し，自閉症の障害をもつTさんとNさんとコンビを組むことになっている。文献にて，自閉症について事前の学習をおこなった。
　『新版・子どもの障害と医療』によれば以下のように説明されている。

「自閉症とは，生まれつきの社会性の発達の乱れを中心とする臨床的症候群（多くの原因をもっているが同じ行動的な特徴をもつグループ）です。自閉症は，①社会性の障害，②コミュニケーションの障害，③想像力の障害とそれに基づく行動の障害，の三つが基本的な障害です。この症状は必ずワンセットで別々に出ることはありません。社会性の障害は，自閉症の症状のなかでも中核に位置します。親を求めない，目が合わない，平気でどこかに行ってしまうという幼児に特徴的な行動に始まって，双方向の交流ができない，人の気持ちが読めないといった社会的相互反応の問題に展開していきます。コミュニケーションの障害では，オウム返し，疑問文による要求，比喩や冗談がわかりにくいなどの言語（会話）による気持ちの交流が難しいことが特徴になります。想像力の障害とそれに基づく行動の障害は，一般的にこだわり行動とよばれるものです。その内容は多彩ですが，最も早く現れるのはクルクル回ったり，手を振ったりする自己刺激行動の反復です。そして，特定のものにだけ著しい興味を示すようになり，さらに順番や物の位置への固執などへ変化していきます。」

(2) 調査の許可を得る

参与観察で調査をおこなう場合，調査対象が決定したら，集団に出入りすることの許可をとる必要がある。また，調査の目的，記録の方法，公表時に実名にするか匿名にするかなど，プライバシーに関する取扱いについて相談し，許可を得なければならない。また，他の参加者メンバーからも観察者として参与することの許可をとりつけていかなければならない。なお，今回の場合，観察者である筆者はボランティアの1人として参加させてもらい，実際に一緒に旅行を楽しみながら同一グループの参加者を観察することにした。

(3) 問題設定と仮説

前述した園長の話から，今回の調査の問題設定をする。すなわち，園長が提

示した四つの目標から，利用者はこの宿泊研修を通じてどのように自立に資する体験をするのか，という問題を設定することにしよう。この問題に対し，いくつかの仮説を提起する。①土産物などの購入を通じて，現金の自己管理をすることができるのではないか。さらに，自己決定能力を養うことができるのではないか。②決められた時間内で集団行動することによって予定の時間を守り集団での生活ルールを守る，つまり社会化することができるのではないだろうか。③家族以外の集団で生活することにより，身辺的な自立が図れるのみならず，家族からの自立が図れるのではないだろうか，という仮説が考えられよう。

2節　データの収集

それでは問題設定と観察項目に基づいて，事前に観察した施設の様子，旅行当日の観察記録を整理して紹介していくことにしよう。

(1) 施設での作業

日常おこなわれている作業と，宿泊研修当日に一緒に旅行する参加者Tさんとペさん2名のラポール（信頼関係）の確立を目的とし，事前に施設を訪問し作業に参加させてもらった。

通常，施設の利用者は8時30分までに出勤し，前庭でラジオ体操をおこなった後，木工，製袋，陶芸の3グループに別れ作業を始める。今回の観察対象は，宿泊研修当日にグループを組むTさん（男性20代）とNさん（男性20代）である。ともに陶芸班に所属し，自閉症という障害をもっている。Nさんは陶芸班の中では一番古くから所属する。Nさんは，駅名や誕生日を暗記するのを得意とし，初対面の著者に対し，「君のなまえは?」「誕生日は?」と名前と誕生日を尋ねてきた。Tさんは職員や他の利用者から「Tちゃん」とよばれ，歌を歌うのが好きなようである。この施設は，利用者がさまざまな製作を通じて，職業

訓練することによって，一般就労ができるための訓練をすること，つまり経済的な自立をはかることを目的に設置された。職員によれば，以前は，製品について一般からの受注があったが，現在は不況のあおりで受注がまったくこないとのことである。

9時50分，Tさんは形成された粘土にやすりをかけ，Nさんは粘土を生成する前の原料をふるいにかける作業をしている。いっぽう利用者のHさん（20代男性）が職員に「明日のグループは誰と一緒なの」と尋ねる。前日に利用者に対し宿泊研修のしおりが配布されたが，Hさんは欠勤したのでもらっていないようだ。利用者は宿泊研修を楽しみにしていることがわかった。10時15分，Kさんが突然立ち上がり，製作途中の作品を床に落とし壊した。職員が厳しく注意し，ちりとりとほうきを手渡したところ，こなごなに飛び散った破片を本人が片付けた。

(2) 旅行当日の記録

旅行当日の8月19日は，晴天に恵まれ，職員やボランティアの集合時間の7時50分にはすでに数名の利用者とその家族が施設の前で待機していた。続々と参加者が集まる中，家族から職員あるいはボランティアに服薬の注意などの会話があちらこちらから聞かれる。

8時。職員室では，職員会議が始まった。職員の自己紹介のあと，ボランティアの紹介があったが，私以外は，専門学校の実習生のようだ。最後に園長から全体に「参加者の健康管理とくれぐれも事故のないようにお願いします」という注意があり，旅行責任者のA職員からは，保護者会で「家族に対しお土産がないのはさみしいという意見が聞かれたので，小遣いの範囲内でお土産を購入するように呼びかけてください」と加えられた。つまり，一定範囲内の予算で土産を購入するということは金銭を管理する訓練なのである。

職員会議が終了すると，8時30分，利用者の集合時間になった。食堂には今回の旅行の参加者が集合している。A職員の司会でボランティアの紹介があり，

園長からの話があった。トイレを済ませ，バス乗り場へ向かう。著者とコンビを組むTさんはリュックサックのほかに紙袋を持っていた。おそらくいつも所持しているものであろう，園内の広葉樹の枝を折って入れた。

　バスの前には，見送りの家族が待機していた。知的障害を持つ人にとって，家族からの自立は，親離れや子離れといったものが重要なテーマである。そのような意味では，家族から離れて旅行するということは家族からの自立を図る上で重要なことであろう。

　バスは予定より10分遅延し，9時に施設を出発した。Tさんは，1980年代初頭に流行した歌謡曲を歌いだした。隣に座っている職員は「歌を歌っているときは機嫌のいいときですよ」と説明してくれた。また，前席に座っているNさんは，先日の事前調査の際に名前と誕生日を著者に尋ねてきたが，「井上君は1978年2月16日生まれ」と話しかけてきた。自閉症特有の症状があらわれているようだ。

　高速道路に入り，バスは快調に走行する。施設を出発して1時間ほどでKサービスエリアに到着した。到着後トイレ休憩のため車外に出るが，ここでは，決められた時間内にバスに戻ってくることと，他の交通に注意し，自分の安全は自分で守ることが要求される。日頃注意を受けているのか，みな安全に注意していた。

　長いトンネルを抜けると新潟県に入る。豪雪地帯であるが，この季節は緑がまぶしい高原である。高速道路からこれから向かYフィッシングパークがみえる。インターチェンジで高速道路を降りバスは第1の目的地に到着した。ここではマスのつかみどりを体験し，昼食をバーベキュー形式でとることになっている。

　添乗員の手で，事前にキャンプ用のテントが張られ，ここが水着への着替え場所になる。ここでは，自分で着替え，着替えたものを自分で管理するということが要求される。マスのつかみどり場では，およそ一人一匹程度のマスが放流されている。水がきらいな参加者，あるいは得意な参加者がいることがわかる。通常時から施設でボランティアをしているIさんは「日常とはちがう行動

から，本人の特性を見出すことができる」と話してくれた。昼食は，グループごとに鉄板を囲みバーベキューで食事する。このタイプの食事は，自らが作業をし，手を出していかなければ食事をすることができない。家族からの自立を図る上で重要な体験であるだろう。

　15時，バスはM町にあるホテルに向かった。所要時間20分ほどで到着し，それぞれの部屋に入る。2グループが合同の部屋で職員1名，利用者4名，ボランティアである著者1名の合計6人の部屋である。夕食までは自由行動の時間となり，各自入浴を済ませる。Tさんは布団を敷いて寝てしまった。

　18時から夕食を宴会場で済ませ，夕食後19時からはホテルが企画した縁日がロビーで実施される。ここでは，ホテルが用意した飲み物券，射的券のほか，10円単位の引換券が用意され，駄菓子と引き換えることができる。ここでは，縁日という買い物を通じて，金銭管理を体験することがねらいである。Nさんは，射的のために小遣いの3,000円を使い果たしてしまったようである。その後玄関前で花火をおこない部屋に戻った。

　21時，消灯時刻になり利用者は就寝する。その後，控室で職員とボランティアのミーティングが実施される。ここで，職員から利用者の日常生活について打ち合わせがおこなわれた。

　8月20日。朝は6時30分に起床する。台風が接近しているため，天気が非常に悪い。朝食は7時からコンベンションホールで各自がバイキング形式で食事をとる。自分の食べたいものを食べられる量だけ皿にのせるといったことが要求される。食事の途中で，本日のスケジュールが変更される旨が責任者から伝達される。今後の予定は，ハイキングからホテル内でのカラオケ大会に変更された。カラオケ大会が始まる前にすべての荷物をまとめ準備し，昨日の夕食で利用した宴会場に集合する。カラオケ大会の途中で，土産を買っていない人は売店に行き買い物をする。渡す相手のことを考え，量や予算を計算しながら買い物することは，自立を図る上では重要な体験となるであろう。

　11時ごろホテルを出発し，復路上のNインターで高速道路を下り，インター

から数分に位置する農園に向かった。N市は段丘面に位置し，果樹栽培がさかんな地域である。ここで昼食をとり，その後自由時間となっている。
　昼食後の自由時間は土産購入や散策をすることになっていたが，やや時間が余り気味である。これは，施設への家族の送迎時間が設定してあるからである。時間を持て余したKさんが，突然かき氷のシロップの瓶をこわした。前述した施設で陶芸作品を壊した事件と同様のことをおこなってしまった。
　14時，農園を出発。途中2度のパーキングエリアでの休憩をはさみ，施設を目指す。職員によれば，Tさんは施設でこんなに笑っていることはないという。やはり，旅行通じ，目標にもあったさまざまな体験をさせることができたのではないだろうか。バスは予定の16時30分施設に到着した。施設前には，出発時と同様，利用者の家族が待ち構えていた。1泊2日の親のいない宿泊研修を通じ，親からの自立をはかる契機になったにちがいない。

まとめ

　この参与観察調査から，この施設での作業あるいは宿泊研修から，障害を持っている利用者に対し，自立ができるような取組みをしていることがわかった。園長の話では「日程の都合で，利用者の中で宿泊研修の実行委員を決めることができなかった。今後の課題です。」とあった。参加者が主体的に計画し運営するような自主的な活動を取り入れたら，さらに自立に資する旅行になることが考えられよう。

文献リスト

■著者姓アルファベット順

■A■

赤坂憲雄『排除の現象学』筑摩書房(ちくま学芸文庫),1995年
網野善彦『日本論の視座―列島の社会と国家』小学館,1993年
網野善彦『日本の歴史00<日本>とは何か』講談社,2000年
有馬もと『身体障害者補助犬法を知っていますか』大月書店,2003年

■B■

馬場清『障害をもつ人びととバリアフリー旅行 石坂直行の思想と実践』明石書店,2004年
Beendict, Ruth, *"The chrysanthemum and the sword : patterns of Japanese culture"* Boston, 1946(=長谷川松治訳『菊と刀―日本文化の型―』現代思想社(現代教養文庫),1967年)
Blacker, Carmen, *"The Catalpa Bow: A Study of Shamanistic Practices in Japan"* George Allen & Unoin Ltd., London, 1975(=秋山さと子訳『あずさ弓―日本におけるシャーマン的行為―<上・下>』岩波書店<同時代ライブラリー>,1995年)

■C■

Cohen, Robin and Paul Kennedy *"Global Sociology"* Palgrave Publishers, 2000(=山之内靖監訳,伊藤茂訳『グローバル・ソシオロジー』平凡社,2003年)

■F■

Foucault, Michel *"Histoire de la folie a l'age classique"* Editions Gallimard, 1972（＝田村俶訳『狂気の歴史―古典主義時代における―』新潮社，1975年）

Foucault, Michel *"Surveiller et punir. Naissavco de la prison"* Editions Gallimard, 1975（＝田村俶訳『監獄の誕生―監視と処罰―』新潮社，1977年）

深井甚三『江戸の旅人たち』吉川弘文館，1997年

古河三樹『図説庶民芸能―江戸の見世物』雄閣出版，1993年

■G■

Goode, William J., *"Principles of Sociology"* McGraw-Hill, 1977（＝松尾精文訳『社会学の考え方』而立書房，1982年）

■H■

花田春兆「歴史は創られる」石川准・長瀬修編著『障害学への招待―社会，文化，ディスアビリティ』明石書店，1999年

花田春兆『日本の障害者―その文化的側面』中央法規，1997年

蓮見音彦・奥田道大編『社会地域論』有斐閣，1980年

樋口清之『日本人の歴史（7）旅と日本人』講談社，1980年

日比野正己編著『図解　交通バリア・フリー百科』ＴＢＳブリタニカ，2002年

本間章子『小林ハル―盲目の旅人』求龍堂，2001年

Huizinga, Jhoan, *Homo Ludens"* 1938（＝高橋英夫訳『ホモルーデンス』中央公論社，1971年）

■I■

今村仁司『排除の構造―力の一般経済序説』筑摩書房（ちくま学芸文庫），1992年

今村仁司『近代の労働観』岩波書店（岩波新書），1998年

井上寛「障害者の自動車運転」『流通経済大学大学院社会学研究科論集』流通経済大学，2002年

井上寛「移動の社会学的研究―障害者旅行研究のために」『流通経済大学大学院社会学研究科論集』流通経済大学，2003年

井上寛「宿泊施設の高齢者対応に関する実態調査」『流通経済大学大学院社会学研究科論集』流通経済大学，2003年

井上由美子『バリアフリー―サイン計画とまちづくり』中央法規，1998年

石川准・長瀬修編著『障害学への招待―社会，文化，ディスアビリティ』明石書店，1999年

石川准，倉本智明編『障害学の主張』明石書店，2002年

石坂直行『ヨーロッパ車いすひとり旅』日本放送出版協会，1973年

伊藤智佳子編『障害をもつということ』一橋出版，2002年

■J■

Joseph P Shapiro, 1993, *"No Pity: People With Disabilities Forging a New Civil Rights Movement"* Reed Business Information，(=秋山愛子訳『哀れみはいらない』現代書館，1999年)

■K■

貝谷嘉洋『ジョイスティック車で大陸を駆ける―障害あっても移動しやすい未来を―』日本評論社，2003年

吉川道雄「新たな観光領域である観光福祉と観光互恵文化の創造について」『日本観光学会誌』第40号，日本観光学会，2001年

吉川道雄「観光福祉序論Ⅱ　新たな研究領域である観光福祉活動とマーケティング―観光ボランティア活動は障害者の『真の友人』となりえるか―」『第一経大論集』第33巻第4号，第一経済大学，2004年

吉川武彦『翼をもった青年たち』大揚社，1996年

木島英登『空飛ぶ車イス』IMS出版，2001年

国立身体障害者リハビリテーションセンター編『身体障害者・高齢者と自動車運転』中央法規出版，1994年

小山毅「解説　中教審答申」，横浜国立大学現代教育研究所編『中教審と教育改革―財界の教育要求と中教審答申（全）―』三一書房，1971年

草薙威一郎『障害者アクセスブック』中央法規出版，1992年

草薙威一郎『障害をもつ人と行く旅　だれでも・自由に・どこへでも』エンパワメント研究所，1998年

■M■

Marx Karl Friedrich *"Okonomisch-philosophische Manuskripte"* (＝城塚登，田中吉六訳『経済学・哲学草稿』岩波書店，1964年)

松尾智『歴史と文化に見る身体障害者』明石書店，2000年

Mead, Jeorge Havert *"Mind, Self, and Society: From the Standpoint of a Social Behaviorist"* Chicago, The University of Chicago Press, 1934 (＝稲葉三千男・滝沢正樹・中野収訳『精神・自我・社会』青木書店，1973年)

目黒輝美『障害者運動と福祉』恒星社厚生閣，2000年

宮本常一『忘れられた日本人』岩波書店（岩波文庫），1984年

水野潤一『観光学原論―旅から観光へ』東海大学出版会，1994年

森岡清美・塩原勉・本間康平編集代表『新社会学事典』有斐閣，1993年

もりすぐる『バリアフリー入門』緑風出版，1999年

もりすぐる『「障害者」と街で出会ったら』緑風出版，1996年

もっと優しい旅への勉強会編『障害者旅行ハンドブック』学苑社，1995年

■N■

長井謙吾「身体障害者の障害と職業能力」『リハビリテーション』No.12，昭和30（1955）年11月

長瀬修『国際的障害者運動の誕生』エンパワメント研究所，2000年

中原利一「職業安定行政における身体障害者の職業更生の現状」『リハビリ

テーション』No.7，昭和29（1954）年

中村太郎『パラリンピックへの招待 挑戦するアスリートたち』岩波書店，2002年

中村富子『わが母 中村久子』春秋社，1998年

中村久子「生かされるよろこび（上・下）」『リハビリテーション』43号・44号，昭和36（1961）年7月・8月，）

中村久子『こころの手足』春秋社，1971年

中村久子『私の越えてきた道』春秋社，1996年

中園康夫『ノーマリゼーション原理の研究：欧米の理論と実践』海声社，1996年

生瀬克己『障害に殺された人びと』千書房，1975年

生瀬克己編『近世障害者関係史料集成』明石書店，1996年

生瀬克己「見世物芸と障害者―＜見られる＞存在と＜見せる＞存在をめぐって―」，鵜飼正樹・北村皆雄編著『見世物小屋の文化誌』新宿書房，1999年

Natanson, Maurice "The Social Dynamics of George H. Mead" Public Affairs Press, 1956（＝長田攻一・川越次郎訳『G. H. ミードの動的社会理論』新泉社，1983年）

根橋正一「障害者旅行論序説」『流通経済大学社会学部論叢』第12巻第1号，2001年

日本聴覚障害者コンピュータ協会編 『聴覚障害者とインターネット』中央法規，1999年

日本障害者リハビリテーション協会『身体障害者の日常生活環境の向上に関する調査研究事業 平成7年度調査報告書』1996年

野村歓「福祉の街づくり概論」『リハビリテーション研究』第80号，1994年

■O■

小濱洋央・小濱真美子『車いすでカルフォルニア』日本評論社，1997年

尾高邦雄『職業の倫理』中央公論社，1970年
尾高邦雄『日本的経営―その神話と現実』中央公論社（中公新書），1984年
小川信子・阿部祥子・野村みどり・川中美彦『先端のバリアフリー環境』中央法規，1996年
大野智也『障害者は，いま』岩波新書，1988年
大隅三好著，生瀬克己補訂『盲人の生活』雄山閣，1998年
大谷信介・木下栄二・後藤範昭・小松洋・永野武『社会調査へのアプローチ』ミネルヴァ書房，1999年
おそどまさこ，ウォールシュ・アリソン，森実真弓『車椅子はパスポート Nothing ventured. 地球旅行の挑戦者たち』山と渓谷社，1994年
おそどまさこ『障害者の地球旅行案内』昌文社，1998年
おそどまさこ『無敵のバリアフリー旅行術』岩波アクティブ新書，2002年
尾崎望・出島直編『新版・子どもの障害と医療』全障研出版部，2000年

■P■

Pieper, Jasef, "*Mus und Kult*", Koesel-Verlag GmbH & Co., Munchen, 1965
（＝稲垣良典訳『余暇と祝祭』講談社学術文庫，1988年）

■R■

流通経済大学根橋研究室『観光研修（北米）報告書　おっつー』2001年
流通経済大学根橋研究室『障害者旅行論研究報告書　Non Scala』2003年
旅行のソフト化をすすめる会『全国車いす宿泊ガイド』1994年

■S■

定藤丈弘・佐藤久夫・北野誠一編『現代の障害者福祉』有斐閣，2003年
斉場三十四『交通とバリアフリー』明石書店，2001年
堺本聡男「生き耐えん」『リハビリテーション』17号，1956年10月
堺本聡男「母あればこそ」『リハビリテーション』38号，1991年11月

堺本聡男『遺稿集　愛しき君と』2003年

佐藤順一・河田喬夫編著，浅野博夫ほか著『教師のための教育学』建帛社，1991年

Scotch K Richard, *"From good will to civil rights :transforming federal disability policy"* Temple Univ Pr, 1984（竹前栄治監訳，尾崎毅［ほか］訳『アメリカ初の障害者差別禁止法はこうして生まれた』明石書店，2000年）

Smith, J. Robert, Ella Lury Wiswell, *"The Women of Sue - Mura* 1935-36", The University of Chicago Press, Illinois, 1982（＝河村望・斎藤尚文訳『須恵村の女たち―暮らしの民族誌―』お茶の水書房，1987年）

杉本章『障害者はどう生きてきたか―戦前戦後障害者運動史』ノーマライゼーションプランニング，2001年

スコラ『人にやさしいクルマカタログ』1998年

障害者アートバンク編『障害者の日常術』晶文社，1991年

障害者福祉研究会『ICF 国際生活機能分類―国際障害分類改定版』中央法規，2002年

全国自立生活センター協議会編『自立生活運動と障害文化―当事者からの福祉論』現代書館，2001年

全国社会福祉協議会編『障害者旅行ガイド』全国社会福祉協議会，1986年

■T■

立川昭二『江戸病草紙―近世の病気と医療』ちくま学芸文庫，1998年

高橋千劔破『江戸の旅人』時事通信社，2002年

高橋流里子『障害者の人権とリハビリテーション』中央法規，2000年

高柳哲也『介助犬を知る―肢体不自由者の自立のために―』名古屋大学出版会，2002年

竹前栄治編『障害者政策の国際比較』明石書店，2002年

富永健一『日本の近代化と社会変動』講談社学術文庫，1990年

坪井秀人編『偏見というまなざし―近代日本の感性』青弓社，2001年
鶴見和子『漂泊と定住と―柳田国男の社会変動論』筑摩書房，1977年

■U■

姥山寛代編『ありがとう　ひまわり号：日本で初めて走った障害者専用列車の記録』現代出版，1983年
牛津信忠，星野政明，増田樹郎編『社会福祉原論―豊かさと安心の人間福祉のために―』黎明書房，2001年

■V■

Veblen, Thorstein B., "*The Theory of the Leisure Class : An Economic Study in the Evalution of Institutions*" Macmilan, 1899（=高田哲男訳『有閑階級の理論―制度の進化に関する経済学的研究』筑摩書房，ちくま学芸文庫，1998年）

■Y■

山田昇『身障者のための快適カーライフガイド』飛鳥新書，1996年
山本誠『モニターが作ったバリアフリーのまち』ぎょうせい，2003年
山本祐司編著『面白きこともなき世を面白く―立ち上がった障害者たち』ふこく出版，2000年
柳田国男「巫女考」『柳田国男全集11』筑摩書房（ちくま文庫），1990年
柳田国男「毛坊主」『柳田国男全集11』筑摩書房（ちくま文庫），1990年
柳田国男「都市と農村」『柳田国男全集29』筑摩書房（ちくま文庫），1991年
柳田国男「行商と農村」柳田国男全集29』筑摩書房（ちくま文庫），1991年
八代英太・冨安芳和編　『ＡＤＡ（障害をもつアメリカ人法）の衝撃』　学宛社，1991年
横浜国立大学現代教育研究所編『中教審と教育改革―財界の教育要求と中教審答申（全）―』三一書房，1971年

横山晃久「不屈な障害者運動」『自立生活運動と障害文化』現代書館，2001年

横塚晃一『母よ！殺すな』すずさわ書房，1975年

米田和史（研究代表者）『障害者にとっての旅行の意味に関する社会学的研究（平成13―14年度科学研究補助金研究成果報告書）』2003年（平成15年）3月

吉本哲夫・白沢仁・玉村公二彦　『障害者プランと現代の人権』全障研出版部，1996年

■Z■

財団法人日本障害者リハビリテーション協会『国際シンボルマーク使用指針』1993年10月

全国社会福祉協議会編『障害者旅行ガイド』全国社会福祉協議会，1986年

■その他■

『古事記』岩波書店（岩波文庫），1963年

厚生労働省編『障害者白書』

国土交通省編『観光白書』

"P.L. 101-336 *Americans with Disabilities Act of* 1990"（＝斉藤明子訳『アメリカ障害者法』現代書館，1991年）

JTB「ニュースと資料」2001年第34号

東園自動車教習所パンフレット

もっと優しい旅への勉強会　パンフレット

クラブツーリズム　ホームページ　http://www.club-t.com/

フジオート　ホームページ　http://www.fujicon.co.jp/

あとがき

　今回『漂泊と自立－障害者旅行の社会学－』を上梓するにあたり，まず私が障害者旅行の研究を始めるようになった経緯を述べることにする。

　そもそも，旅行研究の契機は，1997年，流通経済大学社会学部国際観光学科に入学したことにある。自分自身旅行好きだったという興味本位の動機が本学を志したきっかけであった。大学2年次に演習科目を選択する際，根橋ゼミの演習テーマが「障害者の旅行」であり，その研究テーマを初めて目にしたのである。ゼミの初回に，「未知の分野である」こと，「新しく自分たちで切り開いていく研究テーマ」であることを告げられた。つまり，根橋演習を選択したことが，私の研究の出発点である。演習では，障害者の旅行について理解を深めることに重点を置き，ホテル見学，障害者へのインタビュー，旅行プランの作成をおこない，まとめとして「車いす障害者のための旅行プラン」と題するレポートを執筆した。この際，初めて調査票を持ちホテルへインタビューに行ったこと，初めて車いすを押し，キャンパスを案内したことに鮮明な印象をもっている。当時の障害者旅行をとりまく現状を把握することができ，これらは少なからず欧米の影響を受けていることを認識した。

　大学4年次に卒業論文を執筆するにあたり，研究テーマを「障害者の旅行」に選定した。同時に履修した実習科目「観光研修」において「障害者旅行における日米比較の実証的研究」を行い，ホテル等の旅行施設の見学調査を行った。この際ADA（障害を持つアメリカ人法）に注目した。つまりアメリカでは，さまざまな施設に対するバリアフリー化がすすんでいるが，これはADAによるものであり，具体的にどのようになっているのか，実証的な研究をするためにアメリカ合衆国のカリフォルニア州へ渡った。巻尺を持参し，ドアの幅を測量したり，片言の英語でホテルマンにインタビューをした。その研究成果が報

告書『おっつー』としてまとめられている。本書第Ⅲ部において，さまざまな調査方法が紹介されているが，これらの方法は社会調査法をベースに，独自にアレンジされたものである。卒業論文は，ここまでの実証データーを総括し執筆した。本書第Ⅱ部のデーターの多くは，学部時代に集めたものであるが，当時は現在のような全体構造は見えていなかった。研究を進めていく中で，障害者旅行における問題点や不足している点についてさらに研究する意味があると考え，大学院進学を志すようになった。

大学院社会学研究科入学後は，日本学術振興会科学研究助成費による「障害者の旅行の意味に関する社会学的研究（研究代表者 米田和史）」に研究補助員として参加する機会を得て，温泉地の調査や障害者団体の旅行に関する調査をおこなった。第10章「シルバースター登録旅館への質問紙調査」はこの調査のデータである。

修士論文では，「移動論の社会学的研究－障害者旅行を通して－」と題し，労働や日常生活，そして旅行の対象から排除され続けていた障害者に対し，「なぜ，最近になって障害者旅行が現代の課題となってきたのだろうか」という問題を設定し，移動論を体系的に整理し，障害者の旅行を理論的に考察した。そのうえで，障害者が旅行するようになったのは，二つの理由があることに気づいた。それは本書第Ⅱ部で論じられた「障害者の自立」と「人権の獲得」である。

これまでに障害者旅行の実践分野に取り組む人，障害者旅行を研究する人，そして障害を持ちながらも旅行に出かける人と出会った。一緒に旅行し，話を聞いていく中で，さらに旅行からみた障害者の自立について考えるようになった。旅行を体験することによって，自立を目指し，その人自身の生き方が変化するといったケースを実際に目の当たりにしたからである。

本書第Ⅱ部は，大学2年次から始めた，障害者旅行研究の現段階での研究成果であり，未完成な部分が多い。この研究を登山にたとえれば，現段階はまだ山にのぼり始めた段階である。私が次に目指す地点は博士論文であり，いろいろな人に出会い，いろいろなルートを試行錯誤しながら登山していかなくては

ならないだろう。

　最後に，快く調査に応じていただいた，新東京国際空港公団（現成田空港公団），全国旅館生活衛生同業組合連合会，京王プラザホテル，ザ・クレストホテル柏，ホテルミラコスタをはじめとする皆様，ともに調査に歩いた仲間たち，障害をもった友人たち，そして，私の研究生活を見守ってくれ両親に心より感謝したい。

<著者略歴>

根橋正一　ねばししょういち
1950年　長野県生まれ
1975年　東洋大学社会学部卒業
1977年　東洋大学大学院修士課程社会学研究科終了
1983年　筑波大学大学院博士課程社会科学研究科単位取得退学
　　　　博士（社会学）
1993年　流通経済大学社会学部助教授
現　在　同　教授
主著・論文
『上海－開放性と公共性－』流通経済大学出版会，1999年
「障害者旅行論序説」『流通経済大学社会学部論叢』第12巻，第1号，2001年
他

井上　寛　いのうえひろし
1978年　千葉県生まれ
2001年　流通経済大学社会学部卒業
2003年　流通経済大学大学院社会学研究科修士課程修了
現　在　流通経済大学大学院社会学研究科博士後期課程在学
主な論文
「障害者の自動車運転」『流通経済大学大学院社会学研究科論集』　2002年10月
「移動の社会学的研究―障害者旅行研究のために」『流通経済大学大学院社会学研究科論集』2003年10月
「宿泊施設の高齢者対応に関する実態調査」『流通経済大学大学院社会学研究科論集』2003年10月
「上海人の旅行形態」（共著）『流通経済大学社会学部論叢』第15巻，第2号，2005年3月
「障害者旅行研究の意義」『日本観光学会誌』第46号，2005年6月

漂泊と自立 ―障害者旅行の社会学―

発行日	2005年6月15日　初版発行
著　者	根橋　正一・井上　寛
発行者	佐伯　弘治
発行所	流通経済大学出版会

〒301-8555　茨城県龍ヶ崎市平畑120
電話　0297-64-0001　FAX　0297-64-0011

©Ryutsu Keizai University Press 2005　　Printed in Japan／アペル社

ISBN4-947553-35-9　C3036　¥2700E